Johannes Deger

Grundrechte

9. Auflage 2019

ISBN 978-3-86724-068-0

9. Auflage 2019

© 2019 niederle media

Bezug möglich direkt vom Verlag
niederle media
48341 Altenberge
Fax (02505) 93 98 99
E-Mail: info@niederle-media.de
www.niederle-media.de

▶ Inhalt

▶ Grundrechte

▶ Vorwort

Dieses Studienbuch bietet eine komprimierte, auf das Wesentliche beschränkte Darstellung der Grundrechte des Grundgesetzes mit abschließenden Kapiteln über die Verfassungsbeschwerde und den internationalen Grundrechtsschutz. Es versucht, in einfacher Sprache mit vielen Beispielen den Pflichtstoff vollständig, anschaulich und leicht lernbar aufzubereiten.

Wissenschaftlicher Meinungsstreit wird auf das zum Lernen und Wiederholen absolut Notwendige reduziert. Reduziert wird auch die abstrakte Darstellung der „allgemeinen Grundrechtslehren", die traditionell vor den einzelnen Grundrechten erfolgt, und dadurch schwer verständlich ist. Hier wird dieser vorgezogene abstrakte Teil so kurz wie möglich gehalten, die näheren Inhalte werden dann bei den einzelnen Grundrechten behandelt[1]. Dort fließen sie ein in das immer gleiche Schema, nach dem die Grundrechte dargestellt werden, und das auch in Klausuren anzuwenden ist.

Um das Schema der Freiheitsrechte schon im 2. Kapitel vollständig anwenden zu können, beginnt dieses Buch dort nicht mit dem Sonderfall Art. 1 GG, sondern mit Art. 2 Abs. 2, und hält sich auch im Folgenden nicht genau an die Reihenfolge des Grundgesetzes. Dieses Vorgehen beruht auf langjähriger Lehr-Erfahrung des Autors.

Villingen-Schwenningen, im Herbst 2018,

Johannes Deger

---

[1] Eine kurze Darstellung der „allgemeinen Grundrechtslehren" ist auch zu finden im Frage-Antwort-Skript „Basiswissen Staatsrecht II", ebenfalls erschienen bei niederle media.

▶ Unsere 📖 Skripten 📑 Karteikarten 🎧 Hörbücher (CD & MP3)

Zivilrecht

- 📖 Standardfälle für Anfänger (7,90 €)
- 📖 🎧 Standardfälle BGB AT (7,90 €)
- 📖 🎧 Standardfälle Schuldrecht (7,90 €)
- 📖 🎧 Standardfälle Ges. Schuldverh., §§ 677, 812,823
- 📖 🎧 Standardfälle Sachenrecht (9,90 €)
- 📖 🎧 Standardfälle Familien- und Erbrecht (9,90 €)
- 📖 Klausuren Übung für Fortgeschrittene (7,90 €)
- 📖 🎧 Basiswissen BGB (AT) (Frage-Antwort)
- 📖 🎧 Basiswissen SchuldR (AT) 📖 🎧 SchuldR (BT) (7 €)
- 📖 🎧 Basiswissen Sachenrecht, 📖 🎧 FamR, 📖 🎧 ErbR
- 📖 Einführung in das Bürgerliche Recht (7,90 €)
- 📖 Studienbuch BGB (AT) (12 €)
- 📖 Studienbuch Schuldrecht (AT) (12 €)
- 📖 Schuldrecht (BT) 1 - §§ 437, 536, 634, 670 ff. (9,90 €)
- 📖 Schuldrecht (BT) 2 - §§ 812, 823, 765 ff. (9,90 €)
- 📖 SachenR 1 – Bewegl. S., 📖 SachenR 2 – Unb. S. (9,9 €)
- 📖 Familienrecht und 📖 Erbrecht (Einführungen) (9,90 €)
- 📖 Streitfragen Schuldrecht (7,90 €)
- 📖 🎧 Definitionen für die Zivilrechtsklausur (9,90 €)

Strafrecht

- 📖 Standardfälle Band 1: für Anfänger (9,90 €)
- 📖 Standardfälle Band 2: für Fortgeschrittene (12 €)
- 📖 🎧 Standardfälle Strafrecht AT (für Anfänger) (7,90 €)
- 📖 🎧 Basiswissen Strafrecht (AT) (Frage-Antwort)
- 📖 🎧 Basiswissen Strafrecht BT 1 und 📖 🎧 BT 2 (7 €)
- 📖 Strafrecht (AT) (7,90 €)
- 📖 Strafrecht (BT) 1 – Vermögensdelikte (9,90 €)
- 📖 Strafrecht (BT) 2 – Nichtvermögensdelikte (9,90 €)
- 📖 🎧 Definitionen für die Strafrechtsklausur (7,90 €)

Irrtümer und Änderungen vorbehalten!

Öffentliches Recht

- 📖 Standardfälle Staatsrecht I – StaatsorgaR (9,90 €)
- 📖 Standardfälle Staatsrecht II – Grundrechte (9,90 €)
- 📖 🎧 Standardfälle f. Anfänger (StaatsorgaR u. GRe) (7,9 €)
- 📖 🎧 Standardfälle Verwaltungsrecht (AT) (9,90 €)
- 📖 Standardfälle Polizei- und Ordnungsrecht (9,90 €)
- 📖 Standardfälle Baurecht (9,90 €)
- 📖 Standardfälle Europarecht (9,90 €)
- 📖 Standardfälle Kommunalrecht (9,90 €)
- 📖 🎧 Basiswissen StaatsR I –StaatsorgaR (Fr-Antw.) (7 €)
- 📖 🎧 Basiswissen StaatsR II –GrundR (Frage-Antw.) (7 €)
- 📖 Basiswissen VerwaltungsR AT– (Frage-Antwort) (7 €)
- 📖 Studienbuch Staatsorganisationsrecht (9,90 €)
- 📖 Studienbuch Grundrechte (9,90 €)
- 📖 Studienbuch Verwaltungsrecht AT (12 €)
- 📖 Studienbuch Europarecht (12,90 €) 🎧 Basiswissen EuR
- 📖 Staatshaftungsrecht (9,90 €)
- 📖 VerwaltungsR AT 1 – VwVfG u. 📖 AT 2–VwGO (7,90 €)
- 📖 VerwaltungsR BT 1 – POR (9,90 €)
- 📖 VerwaltungsR BT 2 – BauR 📖 BT 3 – UmweltR (9,90 €)
- 📖 🎧 Definitionen Öffentliches Recht (9,90 €)

Steuerrecht

- 📖 Abgabenordnung (AO) (9,90 €)
- 📖 Erbschaftsteuerrecht (9,90 €)
- 📖 Steuerstrafrecht/Verfahren/Steuerhaftung (7,90 €)

Sozialrecht

- 📖 Kinder- und Jugendhilferecht (7,90 €)
- 📖 Sozialrecht (9,90 €)

Nebengebiete

- 📖 🎧 Standardfälle Handels- & GesR (9,90 €)
- 📖 🎧 Standardfälle Arbeitsrecht (9,90 €)
- 📖 🎧 Standardfälle ZPO (9,90 €)
- 📖 🎧 Basiswissen HandelsR (Frage-Antwort) (7,9 €)
- 📖 🎧 Basiswissen Gesellschaftsrecht (7,90 €)
- 📖 🎧 Basiswissen ZPO (Frage-Antwort) (7,90 €)
- 📖 🎧 Basiswissen StPO (Frage-Antwort) (7,90 €)
- 📖 Handelsrecht (9,90 €)
- 📖 Gesellschaftsrecht (9,90 €)
- 📖 Arbeitsrecht (9,90 €)
- 📖 Kollektives Arbeitsrecht (9,90 €)
- 📖 ZPO I – Erkenntnisverfahren (9,90 €)
- 📖 ZPO II – Zwangsvollstreckung (9,90 €)
- 📖 Strafprozessordnung – StPO (9,90 €)
- 📖 Einf. Internationales Privatrecht - IPR (9,90 €)
- 📖 Standardfälle IPR (9,90 €)
- 📖 Insolvenzrecht (9,90 €)
- 📖 Gewerbl. Rechtsschutz/Urheberrecht (9,90 €)
- 📖 Wettbewerbsrecht (9,90 €)
- 📖 Ratgeber 500 Spezial-Tipps für Juristen (12 €)
- 📖 Mediation (7,90 €)
- 📖 Sportrecht (9,90 €)

Karteikarten (je 9,90 €)

- 📑 Zivilrecht: BGB AT/SchuldR/Grundlagen/Schemata
- 📑 Strafrecht: AT/BT-1/BT-2/Streitfragen
- 📑 Öff. R.: StaatsorgaR/GrundR/VerwR/Schemata

Assessorexamen

- 📖 Der Aktenvortrag im Strafrecht (7,90 €)
- 📖 Der Aktenvortrag im Zivilrecht (7,90 €)
- 📖 Der Aktenvortrag im Öffentlichen Recht (7,90 €)
- 📖 Staatsanwaltl. Sitzungsdienst & Plädoyer (9,90 €)
- 📖 Die strafrechtliche Assessorklausur (7,90 €)
- 📖 Die Assessorklausur VerwR Bd. 1 (7,90 €)
- 📖 Die Assessorklausur VerwR Bd. 2 (7,90 €)
- 📖 Vertragsgestaltung in der Anwaltsstation (7 €)

Irrtümer und Änderungen vorbehalten!

BWL

- 📖 Einführung i. die Betriebswirtschaftslehre (7,90 €)
- 📖 Organisationsgestaltung & -entwickl. (9,90 €)
- 📖 Fallstudien Organisationsgestaltung & -entwickl.
- 📖 Internationales Management (7 €)
- 📖 Wie gelingt meine wiss. Abschlussarbeit? (7 €)
- 📖 Medienwirtschaft für Mediengestalter (14,90 €)

Irrtümer und Änderungen vorbehalten!

Schemata

- 📖 Die wichtigsten Schemata-ZivR,StrafR,ÖR (14,90)
- 📖 Die wichtigsten Schemata–Nebengebiete (9,90 €)

🎧 bedeutet: auch als **Hörbuch** (CD oder MP3-Download) lieferbar!

Bei **niederle-media.de** bestellte Artikel treffen idR *nach 1-2 Werktagen* ein!

1. Kapitel: Einführung

I. Geschichte der Grundrechte

Ansätze für Grundrechte können bereits in der Philosophie der Antike gefunden werden, sind hier aber nicht zu erörtern. Im Mittelalter wurde in Europa diskutiert, ob auch die Herrscher über einen Staat rechtlichen Bindungen unterliegen mit Rücksicht auf die Untergebenen. Einzig berühmtes Dokument aus dieser Epoche ist die englische **Magna Charta Libertatum** aus dem Jahr 1215. Darin werden bestimmten Ständen (Adel, Geistlichkeit) die überkommenen Feudalrechte und Freiheiten gegenüber dem König garantiert. Das hat aus heutiger Sicht noch keinen Grundrechtscharakter. In England ging die Entwicklung aber weiter, beeinflusst auch durch den Philosophen *John Locke* im 17. Jahrhundert. Die **Habeas-Corpus-Akte** von 1679 gewährte jedermann Schutz vor willkürlicher Verhaftung und ist Vorläufer des heutigen Richtervorbehalts bei Freiheitsentziehung. Die **Bill of Rights** von 1689 sicherte vor allem die Rechte des Parlaments gegenüber dem König, war damit aber auch ein Vorläufer des Gesetzesvorbehalts.[1]

In den englischen Kolonien in Nordamerika gelang die weitere Entwicklung hin zu einer umfassenden Verbürgung von Grundrechten. Diese Kolonien erklärten sich 1776 unabhängig und gaben sich Verfassungen mit Grundrechts-Katalogen, als erster der Staat **Virginia 1776**. Der Mensch sei *von Natur aus* frei, unabhängig und mit unveräußerlichen Rechten ausgestattet. Das fand auch Eingang (als Zusatzartikel) in die Bundesverfassung im Jahr 1791. Allerdings herrschte in einigen Südstaaten der USA jahrzehntelang noch Sklaverei.

---

[1] Dazu *Ipsen*, Staatsrecht II, Rn. 14 ff.; *Manssen*, Grundrechte, Rn. 3ff.

In Europa gelang der Durchbruch in der französischen Revolution, ideengeschichtlich gestützt auf die französischen natur- und vernunftrechtlichen Philosophen.[2] Höhepunkt war die feierliche **Erklärung der Menschen- und Bürgerrechte** von 1789. Alle Menschen sollten lebenslang frei und gleich an Rechten sein (Art. 1). Auch die weiteren Rechte sind schon sehr ähnlich den heutigen Grundrechtsverbürgungen. Das wurde auch Bestandteil der französischen Verfassung von 1791.

In Deutschland dauerte es wesentlich länger, bis Grund- und Menschenrechte ausdrücklich vom Staat anerkannt wurden. Einzelne Rechte wie Freiheit der Person und Pressefreiheit wurden zwar in süddeutschen Verfassungen am Anfang des 19. Jahrhunderts gewährt. In Frankfurt in der *Paulskirchenversammlung* wurde 1849 sogar ein ausführlicher und vollständiger Grundrechtskatalog beschlossen. Weil die Reichsgründung damals aber scheiterte, wurde dieser Katalog von den deutschen Staaten nicht als verbindlich anerkannt. Die verbindliche Reichsverfassung von 1871 verzichtete bewusst auf einen Grundrechtskatalog, wollte die Grundrechte den Einzelstaaten überlassen.[3]

Erst in der **Weimarer Reichsverfassung** von 1919 schafften die Grundrechte den Einzug in die Artikel 109 – 165. Sie waren dort recht ausführlich formuliert, enthielten auch soziale Rechte wie Wohnung und Arbeit, die dann aber nur *Ziele* für den Staat waren, nicht unmittelbar bindend und einklagbar. Schon im Jahre 1933 wurden sie mit der Machtergreifung der Nationalsozialisten faktisch außer Kraft gesetzt. Schreckliche Verstöße gegen die Menschenrechte geschahen im Namen des deutschen Staates vor allem während des zweiten Weltkrigs.

---

[2] *Manssen* Grundrechte, Rn. 8; *Ipsen,* Staatsrecht II, Rn. 25 ff.
[3] So *Sachs,* Verfassungsrecht II, S. 4.

1948 erteilten die westlichen Besatzungsmächte den Auftrag, eine verfassungsgebende Versammlung in Deutschland vorzubereiten. Sachverständige erstellten in einem Konvent in Herrenchiemsee einen Entwurf, der im Wesentlichen anschließend vom *Parlamentarischen Rat* übernommen, von den westlichen Militärgouverneuren genehmigt, und von der Mehrheit der westdeutschen Länderparlamente im Jahr 1949 angenommen wurde als (vorläufiges) **Grundgesetz** für die Bundesrepublik Deutschland. Die klassisch-liberalen Grundrechte sind darin bewusst an den Anfang gestellt.

Auch die Verfassung der DDR von 1968 enthielt einige sozialistische und liberale Grundrechte, von denen letztere aber wenig Beachtung fanden. Seit der Wiedervereinigung Deutschlands 1990 gelten die Grundrechte des GG auch im Gebiet der ehemaligen DDR, die *Gemeinsame Verfassungskommission* hat daran 1994 wenig geändert. Seit 1949 mussten ein paar Grundrechte zwar Einschränkungen hinnehmen (z.B. Art. 13, 16), insgesamt ist deren Beachtung und Bedeutung in Deutschland aber ständig gewachsen, vor allem durch die Rechtsprechung des Bundesverfassungsgerichts.[4]

Auch außerhalb Deutschlands wurden die Grund- oder Menschenrechte nach dem zweiten Weltkrieg fortentwickelt. Genannt seien hier nur die Europäische Menschenrechtskonvention (EMRK) und die EU-Charta der Grundrechte. Näheres zu internationalen Grundrechten folgt im 18. Kapitel, wird für die Arbeit mit dem GG zunächst nicht unmittelbar benötigt. Die internationalen und supranationalen Grundrechte können aber zusätzlichen Schutz bewirken und die Auslegung der GG-Artikel beeinflussen.

---

[4] So auch *Sachs,* Verfassungsrecht II, S. 9.

10

Zusammenfassung: Geschichte der Grundrechte

1215	Magna Charta Libertatum
1679 1689	Habeas-Corpus-Akte und Bill of Rights von England
1776	Bill of Rights von Virginia (USA)
1789	Erklärung der Menschen- und Bürgerrechte in Frankreich
1919	Weimarer Reichsverfassung
1949	Grundgesetz für die BRD
1950	Europ. Menschenrechtskonvention
2000	EU – Charta der Grundrechte

📖 **Lektüre:** *Hufen,* NJW 1999, 1504 (Entwicklung der GR); *Kahl,* JuS 1997, 1083 (Entstehung des GG); *Frotscher/Pieroth,* Verfassungsgeschichte (Lehrbuch), 14. Aufl. 2015; *Fremuth,* Menschenrechte – Grundlagen und Dokumente, 2015.

II. Allgemeine Grundrechtslehren

1.) Arten und Funktionen

Entsprechend der geschichtlichen Entwicklung sind unsere Grundrechte überwiegend **Freiheitsrechte**, sie gewähren dem Bürger Freiraum gegenüber dem Staat. In diesem Freiraum entfalten sich die Bürger selbst nach ihren Neigungen und Möglichkeiten. Damit die Unterschiede nicht zu groß werden, muss der Staat aber Gleichheit vor dem Gesetz gewähren, z.B. zwischen Armen und Reichen, Frauen und Männern. Das garantieren die **Gleichheitsrechte**, die hier erst im 15. Kapitel behandelt werden, denn diese werden rechtstechnisch anders geprüft. Die dritte Art, sog. **grundrechtsgleiche Rechte** (vgl. Art. 93 Abs. 1 Nr. 4a GG), wird im 17. Kapitel angesprochen, ist nicht so bedeutend wie die Freiheits- und Gleichheitsrechte.

Die Hauptfunktion der Freiheitsrechte ist die **Abwehr** staatlicher Eingriffe in den Freiraum des Bürgers, den sich dieser selbst gestaltet. Das ist der zentrale Ansatz des freiheitlichen Rechtsstaates. Aus den Grundrechten abgeleitet werden also i.d.R. Ansprüche des Bürgers auf *Unterlassen* staatlicher Maßnahmen, nicht auf Leistungen des Staates. So setzt Art. 13 GG voraus, dass der Bürger eine Wohnung hat; dort ist er vor dem Staat geschützt. Art. 13 GG gibt keinen Anspruch auf Zuteilung einer Wohnung. Anders war das in der DDR (Art. 37 DDR-Verfassung von 1968).

Aber auch der freiheitliche Rechtsstaat muss gelegentlich dem Bürger helfen, die Grundrechte zu verwirklichen, über das Unterlassen staatlicher Eingriffe hinaus. Aus einigen Freiheits-Grundrechten ergeben sich in bestimmten Situationen weitere Gewährleistungen, die der Staat zu beachten hat, und die man **Verstärkungsfunktionen** nennen kann. Es geht um *Teilhabe* an staatlichen Einrichtungen, um Einrichtungsgarantien, Organisations- und Verfahrensgarantien, selten um Leistungsrechte. Die Grundrechte sind sog. *Elemente objektiver Wertordnung*, beeinflussen also die gesamte Rechtsordnung und führen zu einer *Schutzpflicht* des Staates auch dann, wenn die Bedrohung nicht vom Staat, sondern vom Bürger ausgeht. Inwiefern diese Stichworte bei den einzelnen Grundrechten zum Zug kommen, wird dort in den Kapiteln 2 bis 16 jeweils am Anfang behandelt.

2.)   Berechtigung und Bindung

Träger der Grundrechte, und damit berechtigt aus diesen, ist grundsätzlich **der Mensch.** Manche Grundrechte schränken ihren Schutz auf Deutsche ein, das sind dann sog. *Bürgerrechte*, meist am Wortlaut sofort zu erkennen, z.B. Art. 8, 9, 11, 12 GG. Die Berechtigung aus den Grundrechten währt i.d.R. von Geburt bis zum Tod, nur bei Art. 1 GG etwas länger.[5]

„Grundrechtsmündigkeit" betrifft die Frage, wer (z.B. als Jugendlicher) sein Grundrecht selbst ausüben und durchsetzen kann, oder dafür Unterstützung etwa der Eltern braucht. Das wird bei einzelnen Grundrechten und bei der Verfassungsbeschwerde erörtert. Das gilt auch für die Frage, ob (neben Menschen = natürliche Personen) auch **juristische Personen** Träger bestimmter Grundrechte sein können. Art. 19 Abs. 3 GG gibt nur ansatzweise Antwort, indem er auf das „Wesen" des einzelnen Grundrechts abstellt.

Außerdem können (theoretisch) noch Verzicht und Verwirkung von Grundrechten eine Rolle spielen. Ein Verzicht auf ein ganzes Grundrecht oder gar mehrere Grundrechte ist nicht möglich,[6] wirksam sein kann nur der Verzicht auf die *Geltendmachung* im Einzelfall, und dann entfällt ggf. der Eingriff → *Aufbauschema, S. 16.*

---

[5] *Spilker,* Postmortaler Schutz durch das GG, DÖV 2014, 637.
[6] *Sachs,* GG, vor Art.1 Rn.52 f.

Die Verwirkung bestimmter Grundrechte kann zwar gem. Art. 18 GG vom BVerfG ausgesprochen werden, wenn jemand diese Grundrechte zum Kampf gegen die freiheitlich-demokratische Grundordnung missbraucht. Das ist aber bisher noch nicht verfügt worden.[7] Davon zu unterscheiden ist die Möglichkeit, einem verurteilten Straftäter (Verbrecher) befristet das aktive und passive Wahlrecht zu entziehen, § 45 StGB, oder die Ausübung eines bestimmten Berufs zu verbieten, § 70 StGB.

Gebunden an die Grundrechte ist **der Staat**, Art. 1 Abs. 3 GG, und zwar alle drei Staatsgewalten. Das gilt ohne Einschränkung, wenn hoheitlich gehandelt wird, auch dann, wenn ausnahmsweise Privatleute oder Firmen hoheitlich handeln (sog. Beliehene, z.B. Flugkapitän). Probleme stellen sich hier, wenn der Staat nicht hoheitlich, sondern privatrechtlich handelt, und wenn sogar privatrechtlich handelnde Personen oder Firmen an Grundrechte gebunden werden sollen (sog. *Drittwirkung).* Dann sind differenzierte Lösungen zu entwickeln, der Staat kann sich aber i.d.R. aus der Grundrechtsbindung nicht lösen. Die stärksten „Drittwirkungen" gegenüber Privaten werden im Arbeitsrecht angenommen.[8]

3.) Einschränkbarkeit = Schranken der Grundrechte

Wenn jeder seine Grundrechte grenzenlos ausleben könnte, gäbe es zwangsläufig erhebliche Konflikte mit Anderen und mit dem Staat. Fast alle Grundrechte sind deshalb irgendwie einschränkbar, wenn sich das als notwendig erweist. In unserem Grundgesetz ist diese Einschränkbarkeit zunächst bei den einzelnen Grundrechten festzustellen, es gibt keinen zentralen Artikel dafür, wie etwa in der EU-Charta (siehe Kapitel 18). Der Wortlaut der Einschränkbarkeit des einzelnen Grundrechts ist

---

[7] *Sachs,* GG, Art. 18 Rn.7
[8] BAG, NJW 2015, 815 (Kapitänsmütze); BVerfG, NJW 2016, 3153; vgl. aber auch S. 82 „öffentliches Forum" in Privatbesitz.

genau zu beachten, meist handelt es sich um einen sog. **Gesetzesvorbehalt,** z.B. bei Art. 2 Abs. 2 GG. Aber auch andere Schranken können dort formuliert sein, gegebenenfalls können kollidierende Verfassungsartikel als Schranke benutzt werden. Nur ein Grundrecht ist überhaupt nicht einschränkbar: die Menschenwürde, Art. 1 Abs. 1 GG.

So gefundene Schranken können aufgegriffen und umgesetzt werden durch Gesetze, die dann die Rechtsgrundlagen für staatliche Maßnahmen sind. Diese Gesetze dürfen aber weder so formuliert noch so angewandt werden, dass sie das Grundrecht nun zu stark zurückdrängen, sie unterliegen selbst wieder Schranken aus der Verfassung (sog. Schranken-Schranken).

Die wichtigste dieser Schranken ist der Grundsatz der **Verhältnismäßigkeit.** Dieser Grundsatz steht zwar nicht ausdrücklich im GG, ist aber völlig unbestritten ein ganz wichtiger Grundsatz der Verfassung.[9]

Der Kern der Verhältnismäßigkeit besteht aus drei Stufen:

- Die *Eignung* des Gesetzes oder der Maßnahme für den (legitimen) öffentlichen Zweck
- die *Erforderlichkeit,* d.h. es gibt kein milderes gleich geeignetes Mittel
- die *Angemessenheit* des Grundrechtseingriffs im Vergleich mit dem verfolgten öffentlichen Interesse oder mit dem geschützten privaten Interesse.

Weitere Schranken-Schranken, insbes. aus Art. 19 GG, werden bei den einzelnen Grundrechten behandelt.

---

[9] Vgl. nur *Kingreen/Poscher,* Grundrechte, Rn. 289 ff; BGH, NJW 2012, 1448 (Verhältnismäßigkeit der Unterbringung eines psychisch Kranken)

Zusammenfassung: Allgemeine Grundrechtslehren

Arten:	**Freiheitsrechte,** Gleichheitsrechte, grundrechtsgleiche Rechte
Funktionen:	**Abwehr** staatl. Maßnahmen, im Einzelfall weitere Funktionen, insbes. *Schutzpflicht* des Staates
Träger:	die **Menschen,** ggf. nur Deutsche, ggf. auch jurist. Personen
Adressaten:	die Staatsorgane, nur eingeschränkt Private
Einschränkbarkeit:	**Gesetzesvorbehalt** oder andere Schranke, aber nur wenn **verhältnismäßig**

📖 **Lektüre:** *Krausnick,* Grundfälle zu Art. 19 III GG, JuS 2008, 869, 965; BVerfG, JuS 2011, 665 (Grundrechtsbindung); BVerfG, NJW 2018, 1667 (Drittwirkung); NJW 2018, 2312 (Schutzpflicht).

III.   Aufbauschema (Kurzfassung)

Die Prüfung und Abhandlung eines *Freiheitsgrundrechts* erfolgt üblicherweise in folgenden Schritten:

1.) **Schutzbereich** des Grundrechts

a) persönlich
b) sachlich: welche Verhaltensweisen oder Zustände werden erfasst, fällt auch das Verhalten im konkreten Fall darunter?

2.) **Eingriff** in den Schutzbereich:

Beeinträchtigt das staatliche Handeln den Schutzbereich des Grundrechts mehr als ganz unerheblich?
Hat der Betroffene wirksam eingewilligt?

3.) **Einschränkbarkeit** des Grundrechts:

a) greift ein Gesetzesvorbehalt oder eine sonstige Schranke?
b) Grenzen der Einschränkbarkeit = „Schranken-Schranken": Bestimmtheit und **Verhältnismäßigkeit** der Rechtsgrundlage und der Maßnahme, Art. 19 GG

Das komplette Prüfungsschema für den Eingriff in ein Freiheitsrecht befindet sich im → *Anhang I, S. 172.*

2. Kapitel: Leben und körperliche Unversehrtheit
(Art. 2 Abs. 2 S.1 GG)

I. Funktion

Dieses fundamentale Grundrecht ist zunächst ein **Abwehrrecht** gegen staatliche Maßnahmen. In der Weimarer Verfassung war es noch nicht enthalten, weil im Jahr 1919 noch nicht vorstellbar war, zu welch verbrecherischen Eingriffen in Leben und körperliche Unversehrtheit staatliche Organe sich später hinreißen ließen: Vernichtung der Juden und „lebensunwerten" Lebens, Zwangssterilisationen, zwangsweise „medizinische" Versuche an Menschen, Folterungen. Als Reaktion darauf kam dieses Grundrecht weit vorne ins Grundgesetz, direkt hinter die Menschenwürde, und schützt vor staatlichen Eingriffen.

Bedrohungen von Leben und körperlicher Unversehrtheit gehen heutzutage aber meistens nicht vom Staat, sondern von Menschen oder Maschinen aus. Dagegen kann sich der Grundrechtsträger oft nicht selbst wirksam schützen, vor allem gegen Angreifer ist der Bürger auf die Hilfe des Staates angewiesen, denn dieser hat das sog. Gewaltmonopol. Aus Art. 2 Abs. 2 GG ergibt sich deshalb auch eine **Schutzpflicht** des Staates für Leben und körperliche Unversehrtheit der Menschen.

Beispiele: Nichtraucher fürchten um ihre Gesundheit, wenn sie dem Tabakrauch von Rauchern ausgesetzt sind. Autofahrer fühlen sich auf der Autobahn von Rasern und Dränglern bedroht. Opfer einer Entführung erwarten Befreiung durch die Polizei. Dem menschlichen Embryo droht Abtreibung durch einen Arzt auf Wunsch der Mutter.

Durch Maßnahmen des Staates ist hier in geeigneter Weise Schutz zu gewähren, ein Mindestmaß darf nicht unterschritten werden (sog. *Untermaßverbot*).[10]

---

[10] BVerfGE 88, 203 (Schwangerschaftsabbruch)

Im Übrigen haben die staatlichen Organe aber Gestaltungs- bzw. Ermessensspielraum zur Wahrnehmung der Schutzpflicht, eine Pflicht zur Ergreifung *bestimmter* rechtlicher oder tatsächlicher Maßnahmen lässt sich daraus i.d.R. nicht ableiten, allenfalls in extremen Gefährdungslagen, die anders nicht lösbar sind.[11] Für Gesetze zum Schutz der Nichtraucher in Gaststätten besteht somit Gestaltungsspielraum, sie können in den Bundesländern unterschiedlich ausfallen.[12]

II.   Schutzbereiche

1.)   Persönlich

Alle Menschen sind geschützt, auf *juristische* Personen passt dieses Grundrecht aber nicht (Art. 19 Abs. 3 GG).

2.)   Sachlich

a) Was menschliches **Leben** ausmacht, lässt sich kaum in Kürze sinnvoll umschreiben. In einigen Werken wird formuliert, dies sei die „biologisch-physische Existenz" des Menschen.[13] Zur Lösung eines Falles trägt das leider wenig bei. Meist kommt es aber gar nicht darauf an, *diesen* sachlichen Schutzbereich näher definieren zu müssen, weil klar ist, ob die betroffene Person lebt oder nicht.

Schwierig wird es nur in Fällen, in denen es (ausnahmsweise) um den Beginn und das (natürliche) Ende des Lebens geht. Der Beginn ist nach h.M. nicht die Geburt,[14] sondern entweder schon die Verschmelzung von Ei- und Samenzelle oder die Einnistung der befruchteten Eizelle in die Gebärmutter

---

[11] BVerfGE 46, 160 (Entführungsfall Schleyer); BVerfGE 79, 174; *Muckel,* JA 2013, 554 (Waffenrecht).
[12] BVerfGE 121, 317.
[13] Z.B. *Jarass/Pieroth*, GG, Art. 2 Rn. 81.
[14] *Kingreen/Poscher,* Rn. 471; a.A. *Ipsen,* Staatsrecht II, Rn. 250.

(„Nidation").[15] Ob allerdings der noch nicht Geborene („nasciturus") selbst Grundrechtsträger ist, ist auch noch nicht entschieden. Sicher ist nur, dass die *Schutzpflicht* des Staates schon vor der Geburt einsetzt.[16]

Der Tod besteht im Erlöschen der Hirnströme. Nicht erfasst von Art. 2 Abs. 2 GG ist der Wille, sich das Leben zu nehmen; das ist nach h.M. ein Fall des Art. 2 Abs. 1 GG (S. 34, 41).[17]

b) Zur **körperlichen Unversehrtheit** gehört vor allem Gesundheit und körperliches Wohlbefinden, aber auch die sog. körperliche Integrität, den Körper also zu belassen, wie er ist. Fraglich ist, ob auch das *seelische* Wohlbefinden von diesem Grundrecht erfasst ist. Das kann sinnvoll erst im nächsten Abschnitt „Eingriff" beantwortet werden.

III. Eingriffe

Eingriff ist die Beeinträchtigung des Schutzbereichs, bei diesem Grundrecht also z.B. durch Tötung (polizeilicher Todesschuss, Todesstrafe), Verletzung, Schmerzzufügung, Blutentnahme, Einflößen von Brechmitteln, Anordnen einer Impfung, medizinische Zwangsbehandlung von Kranken.[18]

Das Erzeugen von Ärger, Angst, sonstigen *psychischen* Beeinträchtigungen etwa durch Androhung bestimmter Maßnahmen sollte nur dann als Eingriff in dieses Grundrecht gewertet werden, wenn (auch) körperliche Wirkungen eintreten.[19] Denn das Grundrecht heißt *körperliche* Unversehrtheit.

---

[15] Str., vgl. *Epping,* Grundrechte, Rn. 109; *Sachs,* GG, Art. 2 Rn. 143 ff.
[16] BVerfGE 39, 1; 88, 203.
[17] *Jarass/Pieroth,* GG, Art. 2 Rn. 8; *Epping,* Grundrechte, Rn. 106; a.A. *Kingreen/Poscher,* Grundrechte, Rn. 471.
[18] BVerfG, NJW 2011, 2113, 3571; NJW 2017, 2982.
[19] BVerfGE 56, 54, 75.

Wenn die Beeinträchtigung des Schutzbereichs schon einge-
treten ist, kommt rechtsstaatlicher Schutz dieses Grundrechts
womöglich zu spät. Deshalb wird hier ein Eingriff bereits angenommen, wenn Leben oder Gesundheit einer Person erheblich
und konkret *gefährdet* ist,[20] etwa wenn gegenüber Soldaten
oder Polizisten ein lebensgefährlicher Einsatz angeordnet wird,
oder wenn der Mieter bei der Zwangsräumung seiner Wohnung
von Herzinfarkt oder Suizid konkret bedroht ist.[21]

Bei *Einwilligung* des Betroffenen entfällt der Eingriff im rechtlichen Sinn → *Aufbauschema.* Allerdings muss die Einwilligung
wirksam sein, und das ist bei diesem Grundrecht kritisch zu
prüfen: eine Einwilligung in die Tötung ist nach unserer Werte-
ordnung nicht wirksam,[22] auch nicht eine Einwilligung in
Schmerzzufügung bei polizeilichem Verhör. Wirksame Einwilli-
gungen gibt es vor allem in ärztliche Heilbehandlungen und
Operationen.

IV.   Einschränkbarkeit

1.)   Schranken

Gem. Art. 2 Abs. 2 S. 3 GG darf in dieses Grundrecht nur „auf
Grund eines Gesetzes" eingegriffen werden, es steht also unter
(einfachem) **Gesetzesvorbehalt.** Dies ist das Grundmodell und
die einfachste Möglichkeit, ein Grundrecht einzuschränken. Bei
diesem fundamentalen Grundrecht ist das erstaunlich. Immerhin
soll nach h.M. eine bloße Rechtsverordnung als Eingriffsermächtigung nicht genügen, es wird ein Parlamentsgesetz (=
förmliches Gesetz) verlangt, wenn es um mehr als geringfügige
Eingriffe geht.[23]

---

[20] BVerfGE 51, 324, 346; 66, 39, 57; 77, 170, 220; NJW 2014, 1082.
[21] BVerfGE 52, 214, 220 f.; BVerfG, NJW 2013, 290.
[22] *Epping,* Grundrechte, Rn. 113; *Dreier,* GG, Art. 2 Rn. 36.
[23] *Jarass/Pieroth,* GG, Art. 2 Rn. 95; *Dreier,* GG, Art. 2 Rn. 34.

Beispiele: §§ 81 a, g StPO für Entnahme von Blutproben oder anderer Körperzellen; Vorschriften der Polizeigesetze für die Anwendung unmittelbaren Zwangs; §§ 7,11,12 Soldatengesetz für die Anordnung eines lebensgefährlichen Einsatzes; § 20 InfSchutzG für die Anordnung von Impfungen zur Verhinderung einer Seuche.
Einzelheiten können dann durch Rechtsverordnung geregelt werden, vgl. Art. 80 GG.

2.)   Schranken-Schranken

Absolute Grenzen der Einschränkbarkeit enthalten die Art. 102 und 104 Abs.1 S. 2 GG. Danach ist die Todesstrafe abgeschafft und kann auch durch Änderung des StGB nicht wieder eingeführt werden. Festgehaltene Personen dürfen weder seelisch noch körperlich misshandelt werden, auch dann nicht, wenn sie die Polizei- oder Strafvollzugsbeamten provoziert haben. Misshandlung ist Gewaltanwendung oder Einschüchterung über das sachlich Notwendige hinaus.[24]

Absolute Grenze ist auch der *Wesensgehalt* des Grundrechts (Art. 19 Abs. 2 GG), der aber bei Art. 2 Abs. 2 sehr schwer zu bestimmen ist und – wenn überhaupt – erst nach der Verhältnismäßigkeit geprüft werden sollte. Die üblichen Erklärungen (z.B. S. 31) greifen beim tödlichen Rettungsschuss durch die Polizei nicht, der trotzdem verfassungsgemäß ist (S. 22).

Wenn der Gesetzgeber (neue) Eingriffe in dieses Grundrecht erlaubt, muss er Art. 2 Abs. 2 im Gesetz selbst oder im Gesetzblatt *zitieren*, Art. 19 Abs.1 S. 2 GG. Damit beweist er, dass ihm der Eingriff bewusst ist.[25] Das gilt seit Einführung des GG, also seit 1949.

---

[24] Vgl. *Sachs*, GG, Art.104 Rn.41 f.
[25] *Jarass/Pieroth,* GG, Art. 19 Rn. 3 f.

Die **Verhältnismäßigkeit** des einschränkenden Gesetzes und der einschränkenden Maßnahme ist aber auch hier die wichtigste „Schranken-Schranke". Sie ist immer genau zu prüfen.

Beispiele: Wenn das Fahren unter Alkoholeinfluss durch Messung der Atemluft des Fahrers beweissicher feststellbar ist, darf ihm zu diesem Zweck keine Blutprobe entnommen werden. Die Entnahme von Liquor (Gehirn- und Rückenmarksflüssigkeit) zur Feststellung der Schuldfähigkeit eines Täters ist bei Bagatellstraftaten und Ordnungswidrigkeiten unverhältnismäßig,[26] wie auch das zwangsweise Einflößen von Brechmitteln in Drogen-Kleindealer, die gerade ein „Kokain-Bömbchen" geschluckt haben.[27]

Die Vorschriften der Polizeigesetze über den unmittelbaren Zwang sind explizite Ausprägungen des Grundsatzes der Verhältnismäßigkeit, vor allem beim Schusswaffengebrauch. Im Extremfall kann danach sogar der gezielte Todesschuss gegenüber dem Aggressor rechtmäßig sein, etwa gegen einen Amokschützen in einem Schulgebäude oder gegen einen terroristischen Selbstmord-Attentäter im Flughafen oder im Flugzeug. Art. 19 Abs. 2 GG (Wesensgehalt) verbietet das nicht.[28]

Das gezielte Abschießen eines von Terroristen entführten und möglicherweise als Waffe benutzten Passagierflugzeugs wäre aber rechtswidrig wegen Verstoßes gegen die staatliche Schutzpflicht für das Leben und wegen Verstoßes gegen die Menschenwürde der unschuldigen Passagiere,[29] wenn nicht nur Terroristen an Bord sind. Die Strafbarkeit des Anordnenden oder des Schützen wäre im Einzelfall zu beurteilen.

---

[26] BVerfGE 16, 194; § 46 Abs.4 OWiG.
[27] Vgl. EGMR, NJW 2006, 3117; BGH, NJW 2012, 2453.
[28] Vgl. nur *Rachor*, in: Lisken/Denninger, Handbuch des Polizeirechts, 5. Aufl. Kap. E Rn. 937.
[29] BVerfG, NJW 2006, 751.

Zusammenfassung: Art. 2 Abs. 2 S. 1 GG

Funktion	Abwehrrecht, aber auch Schutzpflicht des Staates
Schutzbereiche	**Leben + körperliche Unversehrtheit** = Gesundheit, körperl. Wohlbefinden, körperliche Integrität
Eingriffe	z.B. Tötung, Schmerzzufügung, Blutentnahme, Impfzwang; erhebliche konkrete Gefährdung
Schranke	(einfacher) Gesetzesvorbehalt bzgl. ParlamentsG (h.M.)
Schranken-Schranken	Art. 102, 104 Abs.1 S. 2 GG, **Verhältnismäßigkeit,** Wesensgehalt, Zitiergebot

📖 **Übungsfälle:** *Grothe/Kraus,* Fall 9 (Embryonenforschung); *Enzensperger,* VR 2016, 204 (Liquor-Entnahme); *Sacksovsky/Nowak,* JuS 2015, 1007 (Masern-Impfpflicht).

3. Kapitel: Freiheit der Person und Freizügigkeit
(Art. 2 Abs. 2 S. 2 und Art. 11 GG)

I. Funktion

Auch diese Grundrechte haben dem Staat gegenüber besonderes Gewicht. Sie gewähren die Freiheit des Fortbewegens und des (längeren) Verweilens an einem bestimmten Ort, sind also nicht nur ganz allgemeine Freiheitsverbürgungen. Gerade der Schutz vor Verhaftung durch Staatsorgane ist ein elementares Bedürfnis des Bürgers, das als eines der ersten Grundrechte in England schon im 17. Jahrhundert ausdrücklich anerkannt wurde ("habeas corpus").[30] Zusätzlicher verfahrensrechtlicher Schutz durch richterliche Entscheidung in jedem Einzelfall war auch damals schon vorgesehen. So gilt die Freiheit der Person schon lange als unabdingbar im Rechtsstaat, sie entfaltet Wirkung vor allem in der **Abwehr staatlicher Maßnahmen** wie Festhalten, Festnehmen, Einsperren. Wenn Bürger gegenseitig solche Maßnahmen ergreifen, hat der Staat natürlich auch hier eine **Schutzpflicht**, etwa gegen Entführungen von Personen, Einsperren Verhaltensauffälliger oder Fesseln von Kranken im Bett.[31] Auch erwachsene Verwandte dürfen untereinander die Freiheit der Person nicht ohne richterliche Entscheidung entziehen, vgl. §§ 312 ff. FamFG.

Nicht so elementar und etwas neuer ist die *Freizügigkeit* des Bürgers im Staatsgebiet, die sich nicht auf das Fortbewegen an sich, sondern auf das Ziel bezieht. Der Bürger, nicht der Staat bestimmt, wo jemand seine Wohnung nimmt oder sich aufhält. Heutzutage mischt sich der Staat in die Wohnsitznahme von Deutschen auch kaum noch ein, nicht einmal mehr bei

---

[30] Siehe 1. Kapitel I Geschichte.
[31] BVerfG, NJW 2018, 2619, 2625 (in der Psychiatrie).

Beamten. Streit gibt es aber gerade heutzutage über den *Aufenthalt* unliebsamer Personen auf bestimmten Plätzen.

Und auf europäischer Ebene hat das Recht der Freizügigkeit seit Gründung der EWG große Bedeutung: Jeder Unionsbürger darf sich im ganzen EU-Gebiet aufhalten und niederlassen, Art. 45 ff. AEUV.

II. Schutzbereiche

1.) Persönlich

Beide Grundrechte gelten für Menschen, nicht für juristische Personen. Die Niederlassungsfreiheit für Unternehmen ist ein Fall des Art. 12, nicht des Art. 11 GG. Der Schutzbereich des Art. 11 GG ist weiter beschränkt auf Deutsche. EU-Bürger dürfen aber im Ergebnis nicht schlechter behandelt werden gem. Art. 18 AEUV.

2.) Sachlich

a) Der Kern des Grundrechts **Freiheit der Person** ist die **körperliche Bewegungsfreiheit,** sich also fortbewegen, wegbewegen können, nicht festgehalten werden. Fraglich ist, ob auch geschützt ist, sich überall *hinbewegen,* also jeden Ort aufsuchen zu können. Das wird oft etwas vorschnell hinzugefügt.[32] Das BVerfG hat sich noch nicht eindeutig dazu geäußert, sondern darauf abgestellt, ob der Zielort für die Person „an sich (tatsächlich und rechtlich) zugänglich ist".[33] Das ist er bei einem behördlichen Aufenthaltsverbot für diesen Ort wohl gerade nicht, so dass hier empfohlen wird, den Schutzbereich eher eng zu fassen, auch in Abgrenzung zu Art. 11 und Art. 2 Abs. 1 GG.

---

[32] Z.B. *Kingreen/Poscher,* Rn. 496; vgl. auch *Epping,* Grundrechte, Rn. 721.
[33] BVerfGE 94, 166, 198 betr. Einreiseverweigerung; BVerfGE 96, 10 betr. räumliche Beschränkung für Asylbewerber.

b) Der Kern des Grundrechts **Freizügigkeit** ist, an jedem beliebigen Ort in Deutschland seinen **Wohnsitz** zu nehmen. Wohnsitz bedeutet „ständige Niederlassung" und kann gleichzeitig an mehreren Orten bestehen, § 7 BGB. Nach ganz h.M. sind darüber hinaus aber auch andere **Aufenthalte** an beliebigen Orten in Deutschland geschützt, fraglich ist nur, welche. Jegliche Aufenthalte unter Schutz zu stellen, erscheint in Abgrenzung zu Art. 2 GG und in Anbetracht der strengen Schrankenregelung in Art. 11 Abs. 2 zu weitgehend.[34] Nach welchen Kriterien die geschützten Aufenthalte somit einzuschränken sind, ist noch nicht abschließend geklärt. In Betracht kommen vor allem die beabsichtigte *Dauer* (mindestens eine Übernachtung?) und / oder die *Bedeutung* des Aufenthalts für die Person (Arbeitsplatz, Lebensmittelpunkt?).[35]

III. Eingriffe

1.) Ein Eingriff in die **Freiheit der Person** liegt demnach vor, wenn die körperliche Bewegungsfreiheit nicht nur unerheblich beeinträchtigt wird. Wegen des Richtervorbehalts in Art. 104 Abs. 2 GG muss auch noch unterschieden werden, ob der Eingriff sogar eine Freiheits*entziehung* oder nur eine sonstige Freiheitsbeeinträchtigung ist. Das richtet sich nach der **Intensität** des Eingriffs,[36] nämlich nach Art, Zweck und/oder Dauer der Maßnahme, wobei meist eine Gesamtbetrachtung erforderlich ist. Für eine *Freiheitsentziehung* spricht das Einsperren in einen Haftraum (Art der Maßnahme), das Festhalten als Hauptzweck der Maßnahme, eine mehr als kurzfristige Dauer, wobei aber eine zeitliche Grenze gesetzlich nicht fixiert ist.

---

[34] H.M., vgl. *Kingreen/Poscher*, Grundrechte, Rn. 917; *Epping*, Grundrechte, Rn. 747; a.A. *Dreier*, GG, Art. 11 Rn. 13 f.

[35] Vgl. nur *Jarass/Pieroth*, GG, Art. 11 Rn. 2; *Dreier*, GG, Art. 11 Rn. 13; *v.Münch/Kunig*, GG, Art. 11 Rn. 13.

[36] BVerfGE 10, 302; 94, 166; 105, 239; NJW 2018, 2619.

Beispiele: Noch *kein Eingriff* in dieses Grundrecht liegt vor, wenn jemand an der Staatsgrenze daran gehindert wird, aus Deutschland aus-, oder nach Deutschland einzureisen; wenn der Aufenthalt eines Asylbewerbers auf einen Landkreis beschränkt wird;[37] wenn Autofahrer im Straßenverkehr durch Zeichen zum Anhalten aufgefordert werden oder eine Höchstgeschwindigkeit angeordnet wird. Auch der polizeiliche Platzverweis oder das Aufenthaltsverbot auf einem bestimmten Platz ist nach richtiger Auffassung kein Eingriff in dieses Grundrecht, weil die Person dabei nicht festgehalten wird.[38]

Eine *Freiheitsbeschränkung* liegt vor, wenn Personen zu Gerichten oder Behörden vorgeladen werden *und* im Weigerungsfall zwangsweise vorgeführt werden; beim Festhalten von Personen zum Zweck von körperlichen Untersuchungen oder erkennungsdienstlichen Maßnahmen; bei der Anordnung eines Hausarrests anstelle von Freiheitsstrafe; bei der Abriegelung einer Ortschaft durch Polizeikräfte über mehrere Stunden,[39] ebenso bei der Abschiebung von Ausländern aus dem Bundesgebiet.[40]

Um eine *Freiheitsentziehung* handelt es sich, wenn vor oder während dieser Abschiebung Ausländer mehrere Stunden in eine Zelle gesperrt werden; wenn Personengruppen im Freien stundenlang von der Polizei „eingekesselt" werden;[41] wenn psychisch Kranke in einer geschlossenen Anstalt untergebracht werden; wenn mutmaßliche Straftäter vorläufig festgenommen und/oder in Untersuchungshaft genommen werden; wenn Personen zwecks Identitätsfeststellung mehrere Stunden in einem Haftraum untergebracht werden.[42] Der eindeutigste Fall von Freiheitsentziehung ist die Vollstreckung einer Freiheitsstrafe. Aber auch der polizeirechtliche Gewahrsam ist immer Freiheitsentziehung wegen Art und Zweck der Maßnahme.[43]

---

[37] BVerfG, NVwZ 1983, 603; 1997, 1109.
[38] VGH München, NVwZ 2000, 454.
[39] OVG Lüneburg, NVwZ-RR 2007, 103.
[40] BVerwGE 62, 325.
[41] BVerfG, NVwZ 2017, 555; VG Hamburg, NVwZ 1987, 829, 833.
[42] BVerfG, NVwZ 2011, 743.
[43] BVerfG, NVwZ 2016, 1079.

2.) Eingriffe in die **Freizügigkeit** liegen jedenfalls dann vor, wenn der Staat einem Deutschen vorschreibt, wo er Wohnsitz zu nehmen hat oder wo er keinen Wohnsitz nehmen darf, auch innerhalb einer Gemeinde. Wenn es allerdings um den einsitzenden Straftäter geht, ist nicht Art. 11, sondern Art. 2 Abs. 2 GG zu prüfen. Wenn es um die Umsiedlung ganzer Ortschaften für den Braunkohle – Tagebau geht, ist nicht Art. 11, sondern Art. 14 GG betroffen.[44] Gegenwärtige Rechtsprobleme mit Art. 11 GG betreffen meist *Aufenthaltsverbote* auf bestimmten Plätzen oder in bestimmten Wohnungen.

Beispiele: Die Stadtverwaltung oder die Polizei verbieten Personen aus störenden Ansammlungen (Stadtstreicher, Punks, Drogenkonsumenten), bestimmte Plätze in der Innenstadt für eine bestimmte Zeit zu betreten und sich dort aufzuhalten. Das ist ein Eingriff in Art. 11 GG, wenn der Aufenthalt dort für die Personen besondere Bedeutung hat, s.o. II. 2b), wenn also dort eine Art Lebensmittelpunkt für die Person liegt, erst recht wenn sie dort ihren Arbeitsplatz oder gar ihre Wohnung hat. Auch die Dauer des Verbots spielt eine Rolle, weshalb der nur kurzfristige (wenn auch mehrstündige) Platzverweis nicht unter Art. 11 fällt.[45] Kein Eingriff liegt auch vor, wenn das Aufenthalts- oder Wohnungsverbot ein Grundstück betrifft, das (zivil-)rechtlich für einen solchen Zweck dem Betroffenen gar nicht zur Verfügung steht, z.B. dem Hausbesetzer.

Ein Eingriff in Art. 11 GG ist die amtliche Zuweisung eines Wohnortes gegenüber deutschen sog. Spätaussiedlern, die sich ihren Lebensunterhalt noch nicht selbst verdienen.[46] Ein Eingriff ist auch der **Wohnungsverweis** (mit mehrtägigem Rückkehrverbot) gegenüber einem gewalttätigen Ehegatten.[47] Ferner wäre ein Eingriff die Verhinderung der *Einreise* eines Deutschen, anders als die Verhinderung der Ausreise aus Deutschland. Das ergibt sich direkt aus Art. 11 Abs. 1 GG.

---

[44] BVerfGE 134, 242 (Garzweiler II in NRW).
[45] OVG Bremen, NVwZ 1999, 315.
[46] BVerfG, NVwZ 2005, 797.
[47] VGH Mannheim, NJW 2005, 88.

IV.   Einschränkbarkeit

1.)   Schranken

a) Gegenüber der Freiheit der Person greift wie oben im 2. Kapitel die Schranke aus Art. 2 Abs. 2 S. 3 GG, hinzu kommt aber die Verfahrensabsicherung gemäß Art. 104 Abs. 1 und 2 GG, woraus sich ein **qualifizierter Gesetzesvorbehalt** ergibt. Der Eingriff muss sich auf ein „förmliches" Gesetz, also ein Parlamentsgesetz stützen, bloße Rechtsverordnungen oder Satzungen reichen nicht aus, also z.B. nicht die Straßenverkehrsordnung. Wenn sogar eine *Freiheitsentziehung* vorliegt oder beabsichtigt ist, hat über deren Zulässigkeit und Fortdauer nur der **Richter** zu entscheiden, Art. 104 Abs. 2 GG. Diese Entscheidung ist möglichst schon vor der Festnahme einzuholen, andernfalls unverzüglich nachzuholen, solange die Person noch festgehalten wird. Die Amtsgerichte müssen dafür Sorge tragen, dass (zumindest zur Tageszeit) Richter für solche Entscheidungen zur Verfügung stehen[48] für alle Arten von Freiheitsentziehungen.

b) Auch die Freizügigkeit steht unter einem **qualifiziertem Gesetzesvorbehalt**, Art. 11 Abs. 2 GG. Es sind nicht alle Gesetze als Schranke tauglich, sondern weitere Anforderungen an solche Gesetze gestellt: sie müssen dort genannte Fallgruppen aufgreifen, nämlich jeweils besondere Gefahren- oder Störungslagen, sie dienen jeweils besonderen *präventiven* Zwecken. Der erste dort genannte Fall der „ausreichenden Lebensgrundlage nicht vorhanden und ..." wird vom *Gesetz über die Festlegung eines vorläufigen Wohnortes für Spätaussiedler* aufgegriffen,[49] der letzte Fall „um strafbaren Handlungen vorzubeugen" von den *Polizeigesetzen* der Länder und vom *Gewaltschutzgesetz* des Bundes.

---

[48] BVerfGE 105, 239; NJW 2018, 2619: von 6 bis 21 Uhr.
[49] BGBl 2005 I S. 2474.

Darauf werden dann z.B. Wohnungsverweise und Annäherungsverbote gestützt, um weitere Körperverletzungen zu verhindern. Wenn aber nur weitere Ordnungswidrigkeiten (etwa durch Stadtstreicher) verhindert werden sollen, ist ein Eingriff in die Freizügigkeit nicht zulässig.

2.)   Schranken-Schranken

Das absolute Verbot, festgehaltene Personen zu misshandeln (Art. 104 Abs. 1 S. 2 GG), gehört zum Grundrecht auf körperliche Unversehrtheit und wurde dort (2. Kapitel IV. 2) behandelt. Den Richtervorbehalt (Art. 104 Abs. 2 GG) prüft man am Besten oben bei „Schranken" und / oder bei der Anwendung der Rechtsgrundlage → Zuständigkeit.

Der Richtervorbehalt bei Freiheitsentziehungen ist sehr ernst zu nehmen; das Merkmal „Gefahr im Verzug" in bestimmten Ermächtigungsgrundlagen für die Polizei (z.B. § 127 Abs. 2 StPO; § 62 Abs. 5 AufenthG) darf nicht leichtfertig angenommen werden.[50] Dasselbe gilt bei Wohnungsdurchsuchungen, vgl. 13. Kapitel IV 1a.

Die **Verhältnismäßigkeit** des einschränkenden Gesetzes und der einschränkenden Maßnahme ist aber auch bei diesen Grundrechten das wichtigste Kriterium in diesem Abschnitt. Sie ist immer genau zu prüfen. Unverhältnismäßig wären z.B. ein zwei Wochen langer polizeirechtlicher Gewahrsam zur Feststellung der Identität eines Störers,[51] eine monatelange (geschlossene) psychiatrische Unterbringung eines „wahnhaft liebeshungrigen" Mannes oder Stalkers, der Frauen belästigt,[52] sowie ein mehrere Monate dauerndes Aufenthaltsverbot für

---

[50] BVerfGE 105, 239; *Kingreen/Poscher,* Grundrechte, Rn. 504.
[51] SächsVerfGH, SächsVBl 1996, 160.
[52] BGH, NJW 2012, 1448; NJW 2013, 3383.

Drogenkonsumenten in der ganzen Stadt.[53] Für den Fall der Untersuchungshaft hat der Gesetzgeber zwei Stufen der Verhältnismäßigkeitsprüfung ausdrücklich in die Strafprozessordnung aufgenommen: Erforderlichkeit → *§ 116* StPO (lesen!) und Angemessenheit → *§§ 120 f* (lesen!). Diese Vorschriften führen immer wieder zur Aussetzung oder Aufhebung von Untersuchungshaft.[54]

Der *Wesensgehalt* dieser Grundrechte darf nicht angetastet werden, Art. 19 Abs. 2 GG. Trotz aller Eingriffe muss vom Grundrecht noch etwas Substantielles bleiben.[55] Probleme damit sind bei Art. 11 GG nicht in Sicht. Probleme bei Art. 2 Abs. 2 GG könnten bei der Verhängung von lebenslanger Freiheitsstrafe und Sicherungsverwahrung entstehen, wenn der Betroffene tatsächlich bis zu seinem Tod in Haft bleiben sollte.

Das steht zwar niemals von vornherein fest, weil das Gesetz vorschreibt, dass die weitere Vollstreckung immer wieder geprüft wird,[56] §§ 57a, 67e StGB. Trotzdem war die Sicherungsverwahrung in ihrer früheren Ausgestaltung unverhältnismäßig.[57]

Auch gegenüber psychisch Kranken darf nicht verfügt werden, dass sie nie mehr aus der Psychiatrie-Unterbringung entlassen werden.

Auch das *Zitiergebot* (Art. 19 Abs. 1 S. 2 GG) gilt bei diesen Grundrechten und wird z.B. erfüllt in den Polizeigesetzen der Länder und § 70 BPolG.

---

[53] OVG Bremen, NVwZ 1999, 315.
[54] Vgl. nur BVerfG, NJW 2006, 668, 672, 1336.
[55] *Kingreen/Poscher,* Grundrechte, Rn. 355 ff.; *Sachs,* Verfassungsrecht II, S. 146.
[56] Dazu BVerfG, NJW 2007, 1933.
[57] BVerfG, NJW 2011, 1931.

Zusammenfassung: a) Freiheit der Person und b) Freizügigkeit

Funktion	Abwehrrechte, aber auch Schutzpflichten des Staates
Schutzbereiche	a) körperliche Bewegungs-Freiheit = sich fortbewegen können; b) überall Wohnsitz und Aufenthalt nehmen können, wenn Aufenthalt von gew. Bedeutung
Eingriffe	z.B. a) festhalten, festnehmen, Haft; z.B. b) verbindliche Wohnungszuteilung oder längerer Wohnungsverweis
Schranke	qualifizierte **Gesetzesvorbehalte** Art. 2 Abs. 2 S. 3 + Art. 104 GG, Art. 11 Abs. 2 GG
Schranken-Schranken	Verhältnismäßigkeit, Wesensgehalt, Zitiergebot

📖 **Übungsfälle:** *Degenhart*, Klausurenkurs I Fall 13 (Sicherungsverwahrung); Klausurenkurs II Fall 7 (Untersuchungsausschuss).

4. Kapitel: Allgemeine Handlungsfreiheit (Art. 2 Abs. 1 GG)

I. Funktion

„Jeder hat das Recht auf freie Entfaltung der Persönlichkeit" formuliert Art. 2 Abs. 1 GG und geht damit weiter als die Weimarer Verfassung von 1919. Die richtige Auslegung war zunächst umstritten. Das BVerfG hat zwei Grundrechte daraus abgeleitet: die allgemeine Handlungsfreiheit und das allgemeine Persönlichkeitsrecht (i.V.m. Art. 1 GG). Diese haben unterschiedliche Funktionen und werden deshalb hier getrennt behandelt.

Die allgemeine Handlungsfreiheit ist in der Auslegung des BVerfG und nach h.M. eine ganz weite, allgemeine Freiheitsverbürgung, eine Generalklausel der Freiheitsrechte, die nur greift, wenn das jeweilige Verhalten, der jeweilige Fall nicht von einem speziellen Freiheitsrecht erfasst wird. Sie ist nachrangig gegenüber speziellen Freiheitsrechten (z.B. Art. 2 Abs. 2, Art. 4, 5, 8, 11 GG). Die Fallbearbeitung sollte *nicht* mit der allgemeinen Handlungsfreiheit beginnen. Trotzdem ist sie ein wichtiges Freiheitsgrundrecht, auch die *Vertragsfreiheit* der Bürger wird daraus abgeleitet, worin namhafte Autoren sogar eine sog. Institutsgarantie sehen.[58]

II. Schutzbereiche

1.) Persönlich

„Jeder" ist geschützt, also alle Menschen im Geltungsbereich des GG, aber auch juristische Personen, weil sehr viele Verhaltensweisen unter den (sachlichen) Schutzbereich fallen, die „ihrem Wesen nach" (Art. 19 Abs. 3 GG) auf Gesellschaften oder Firmen passen.

---

[58] Z.B. *Epping*, Grundrechte, Rn. 568; weitere Nachweise bei *von Münch/Kunig*, GG, Vorbem. Rn. 23.

2.) Sachlich

Versuche und Vorschläge, nur bestimmte Verhaltensweisen, die für die Persönlichkeitsentfaltung besonders wichtig sind, unter den Schutz des Art. 2 Abs. 1 zu stellen, haben sich nicht durchgesetzt.[59] Vielmehr gilt seit dem sog. Elfes-Urteil [60] die ganz weite Auslegung des Schutzbereichs im Sinne einer allgemeinen Handlungsfreiheit: **jeder kann tun und lassen, was er will.** Die weitere Formulierung in Art. 2 Abs. 1 GG „soweit er nicht ..." wird nicht als Umschreibung / Begrenzung des Schutzbereichs, sondern erst im Schrankenbereich verwertet. Damit fällt eine Vielzahl von Verhaltensweisen in den Schutzbereich, nämlich alle, die nicht von einem speziellen Freiheitsrecht erfasst sind, auch dem einfachen Recht widersprechende Verhaltensweisen.

Beispiele: Verträge abschließen, mit wem man will,[61] dabei ggf. auch geschützte Minderheiten diskriminieren; Drogen konsumieren, legale und illegale; Motorrad fahren, mit oder ohne Führerschein oder Helm; sich kleiden, wie man möchte; Hilfe bei einem Unfall verweigern; sich das Leben nehmen (soweit nicht dem APR zugeordnet, S. 41).[62]

III. Eingriffe

Wegen der Weite des Schutzbereichs gibt es sehr viele Eingriffe durch staatliche Maßnahmen, **jedes Gebot oder Verbot** ist ein Eingriff in Art. 2 Abs.1 GG, wenn nicht ein spezielles Freiheitsrecht betroffen ist. Auch die Bestrafung wegen einer Handlung oder Unterlassung sowie (nicht gezielte) bloß faktische oder mittelbare Beeinträchtigungen sind Eingriffe, wenn es sich nicht um bloße Belästigungen handelt.[63]

---

[59] *Duttge,* NJW 1997, 3353; BVerfGE 80, 137.
[60] BVerfGE 6, 32.
[61] Soweit nicht von Art. 12 GG erfasst, vgl. 12. Kapitel II
[62] *Jarass/Pieroth,*GG, Art. 2 Rn. 81; BVerwG, NJW 2017, 2215.
[63] *Jarass/Pieroth,* GG, Art. 2 Rn. 13; *Epping,* Grundrechte, Rn. 572.

Beispiele: Eingriffe sind *Gebote* (Anordnungen), beim Autofahren den Gurt anzulegen, beim Motorradfahren den Helm aufzusetzen, bei Gericht oder einer Behörde vorzusprechen (ohne Androhung von unmittelbarem Zwang), beim Unfall zu helfen; *Verbote*, Drogen zu konsumieren, zum Fußballstadion zu gehen, Auto zu fahren, mit dem Auto zu drängeln, aus Deutschland auszureisen, als Soldat lange Haare zu tragen. Neu ist das Verbot der geschäftsmäßigen Förderung der Selbsttötung (§ 217 StGB). *Mittelbarer* Eingriff ist die Vergabe von Subventionen an wirtschaftliche Konkurrenten.[64]

Keine Eingriffe in Art. 2 Abs. 1 sind das Gebot, zum Gottesdienst zu gehen (Eingriff in Art. 4), das Verbot, zu einer Demonstration zu gehen (Eingriff in Art. 8), oder am Sonntag sein Ladengeschäft offen zu halten (Eingriff in Art. 12). Bloße Belästigung ist der kurze Verkehrsstau oder der Lärm, ausgelöst durch ein Polizeifahrzeug mit Sondersignal, oder die Zulassung weiterer Kraftfahrzeuge im Wohngebiet.

Ausländer sind auch dann in ihrer allgemeinen Handlungsfreiheit (Art. 2 Abs. 1) betroffen, wenn die staatliche Maßnahme eigentlich ein spezielles Freiheitsrecht beeinträchtigt, das aber nur Deutschen zusteht, z.B. Art. 8, 9, 11, 12 GG.

IV.   Einschränkbarkeit

1.)   Schranken

Hier kommt nun der zweite Halbsatz des Art. 2 Abs. 1 zum Zug „soweit er nicht ...verstößt." Die dort aufgeführten drei Schranken (sog. Schrankentrias) werden im Ergebnis wie ein einfacher Gesetzesvorbehalt behandelt. Diese weite Auslegung ist nicht zwingend, aber Folge des oben dargestellten weiten Schutzbereichs, und ständige Rechtsprechung des BVerfG schon seit dem sog. Elfes-Urteil (1957).[65] Von den drei Schranken ist nach dieser Auslegung die **verfassungsmäßige Ordnung** mit Ab-

---

[64] BVerwGE 30, 191; 60, 154.
[65] BVerfGE 6, 32.

stand die wichtigste. Mit diesem Begriff sind hier (nur bei Art. 2 Abs. 1!) nicht nur die Normen der Verfassung gemeint, sondern die Gesamtheit **aller Normen**, die formell und materiell mit der Verfassung in Einklang stehen, also (verfassungsgemäße) Parlamentsgesetze, aber auch Rechtsverordnungen und Satzungen. Die großzügige Ausweitung des Schutzbereichs wird hier also wieder „eingefangen", um evtl. gemeinschaftsschädliche individuelle Interessen beherrschen zu können.[66]

Die „Rechte anderer" sind alle subjektiven Rechte aus dem Privatrecht oder öffentlichen Recht, und nach obiger Auslegung Bestandteil der verfassungsmäßigen Ordnung. Das „Sittengesetz" darf im Rechtsstaat nicht mit überlieferten Moralauffassungen gleichgesetzt werden, sondern nur mit normierten Anstandsgeboten (z.B. § 242 BGB, § 119 OWiG), und hat deshalb ebenfalls keine eigenständige Bedeutung.[67]

2.)　Schranken-Schranken

Fälle zur allgemeinen Handlungsfreiheit werden meist hier entschieden, weil das Grundrecht formal leicht einschränkbar ist, s.o. Umso genauer ist die **Verhältnismäßigkeit** zu prüfen.

Beispiel: Gegenüber einem Polizeibeamten, der im Schichtdienst eingesetzt ist und einen langen sog. Pferdeschwanz trägt, wird angeordnet, seine Haare auf Hemdkragenhöhe zu kürzen, also um ca. 15 cm.[68] Das muss zunächst *geeignet* sein zur Verfolgung eines legitimen öffentlichen Interesses, hier für das Vertrauen der Bürger in die Neutralität und Seriosität der Amtsausübung, oder zum Schutz des Beamten selbst vor Zugriffen bei Auseinandersetzungen. Schon diese Eignung ist fraglich, hängt wohl von der konkreten Gestaltung der Frisur ab.

---

[66] *Epping,* Grundrechte, Rn. 576; *Sachs,* Verfassungsrecht II, S. 185.
[67] *Kingreen/Poscher,* Grundrechte, Rn. 465; *Sachs,* aaO.
[68] Nach BVerwG, DÖV 2006, 694; Rechtsgrundlage und damit „Schranke" sollen §§ 33-35 BeamtStG sein.

Erforderlich ist die Anordnung nur, wenn kein milderes geeignetes Mittel zum Erfolg führt. Wenn alle Haare unter die Dienstmütze passen, ist das ständige Tragen der Mütze eine Alternative. Die Anordnung ist aber jedenfalls nicht *angemessen*: Die genannten öffentlichen Interessen sind nicht so gewichtig, dass sie den erheblichen Eingriff in das Grundrecht rechtfertigen würden. Sein Äußeres würde durch 15 cm kürzere Haare stark verändert, nicht nur im Dienst, sondern auch im Privatleben. Wenn der Pferdeschwanz gepflegt getragen wird, sind solch' strikte Vorgaben gegenüber dem „normalen" Polizeibeamten heutzutage nicht mehr gerechtfertigt. Frauen wird das auch nicht zugemutet (Art. 3 GG!).

Strenger können Tätowierungen beurteilt werden, die beim Tragen von Dienstkleidung sichtbar, großflächig, abschreckend oder verfassungsfeindlich sind, wenn für solche Verbote Rechtsgrundlagen geschaffen sind.[69]

Beim Militär soll es nach wie vor zulässig sein, (nur) gegenüber männlichen Soldaten Kurzhaarschnitt anzuordnen.[70]

Wesensgehalt und Zitiergebot bereiten hier keine Probleme. Ein Kernbestand von Handlungsfreiheit bleibt immer, sogar im Gefängnis. Art. 2 Abs. 1 GG ist *nicht zitierpflichtig*, weil er keine ausdrückliche Eingriffsermächtigung für den Gesetzgeber enthält,[71] weil seine Formulierung nicht zu Art. 19 Abs. 1 GG passt, und weil angesichts der Weite des Schutzbereichs fast jede Regelung ein Eingriff sein kann.

---

[69] BVerwG, NJW 2018, 1185; VGH Mannheim, Beschl. vom 12.07.2018 – 4 S 1439/18; OVG Münster, Beschl. vom 14.07.2016 – 6 B 540/16.
[70] BVerwG, NVwZ-RR 2014, 767 (Beschl. vom 17.12.2013).
[71] Vgl. BVerfGE 113, 348, 366.

Zusammenfassung: Allgemeine Handlungsfreiheit (Art. 2 Abs. 1 GG)

Funktion	**Auffanggrundrecht**
Schutzbereich	tun oder lassen, was man will
Eingriffe	Gebote oder Verbote, auch mittelbare Beeinträchtig., wenn nicht von Spezial-GR erfasst
Schranke	„verfassungsmäß. Ordnung" wirkt wie einfacher Gesetzesvorbehalt
Schranken-Schranken	**Verhältnismäßigkeit,** kein Zitiergebot

📖 **Übungsfälle:** *Grote/Kraus*, Fall 1 (Erwerb von Cannabis);
Reffken/Thiele, Standardfälle Staatsrecht II, Fall 1 (Rauchen von Tabak);
Schoch, Übungen, Fall 6 (Reiten im Wald);
BGH, JuS 2012, 556 (Hotel-Hausverbot für NPD-Vorsitzenden).

5. Kapitel: Allgemeines Persönlichkeitsrecht
(Art. 2 Abs. 1 i.V.m. Art. 1 Abs. 1 GG)

I. Funktion

Das allgemeine Persönlichkeitsrecht (APR) ist als eigenständiges Grundrecht (noch) nicht ausdrücklich im Grundgesetz formuliert, sondern von der Rechtsprechung entwickelt. Auch in früheren deutschen Verfassungen war es nicht enthalten. Schutz entstand zunächst im Zivilrecht durch das Recht am eigenen Bild (KunstUrhG von 1907), dann durch die Rechtsprechung des BGH zu §§ 12, 823 BGB.[72] Das BVerfG hat dann das APR als Grundrecht entwickelt aus Art. 2 Abs. 1 (freie Entfaltung) i.V.m. Art. 1 Abs. 1 GG (Menschenwürde), weil es die engere persönliche Lebenssphäre der Menschen immer stärker gefährdet sah.[73] Einen Höhepunkt erreichte diese Entwicklung im Jahr 1983 im sog. Volkszählungsurteil, in dem ein weiterer wichtiger Teilaspekt des Schutzbereichs hinzukam mit dem Recht auf informationelle Selbstbestimmung.[74]

So ist das APR inzwischen ein wichtiges eigenständiges Grundrecht, das vor allem Eingriffe des Staates in die Privatsphäre **abwehren** soll. Mittelbar wirkt es aber in die gesamte Rechtsordnung hinein, in das Zivilrecht, wo es zunächst entwickelt wurde (s.o.) und auch in das Strafrecht, wo Verhaltensweisen unter Strafe gestellt sind, welche die Privatsphäre besonders stark verletzen, vgl. §§ 201 ff., 238 StGB. Mit solchen Vorschriften erfüllt der Staat gleichzeitig seine *Schutzpflicht* für dieses Grundrecht. Die Europäische *Menschenrechtskonvention* schützt in Art. 8 das Recht auf Achtung des Privat- und Familienlebens, hat in Deutschland aber nur den Rang eines einfachen Bundesgesetzes, siehe 18. Kapitel II 1.

---

[72] BGHZ 13, 334; 34, 269.
[73] BVerfGE 32, 373; 54, 148.
[74] BVerfGE 65, 1.

II. Schutzbereiche

1.) Persönlich

Anders als oben bei der allgemeinen Handlungsfreiheit werden hier meist keine *juristischen* Personen geschützt, denn die „Anreicherung" des APR durch Art. 1 GG passt nur für Menschen. Das BVerfG hat allerdings das Recht am gesprochenen Wort auch einer juristischen Person des Privatrechts zuerkannt,[75] und der BGH geht für das Zivilrecht noch weiter, was umstritten ist.[76] Solche Ausweitungen kommen in Teilbereichen des APR in Betracht, die nicht aus Art. 1 GG abgeleitet werden,[77] den Ehrenschutz sollte man nur Menschen gewähren.

2.) Sachlich

Geschützt ist die engere persönliche Lebenssphäre und die Erhaltung ihrer Grundbedingungen, ein autonomer Bereich privater Lebensgestaltung, in dem der Mensch seine Individualität entwickeln und wahren kann.[78] Neben dieser allgemeinen Beschreibung hat das BVerfG konkretere **Teilbereiche** entwickelt, deren Bezeichnung gelegentlich wechselt, in jedem Buch etwas anders dargestellt wird, in der Sache aber folgendes umfasst:

- Privat- und Intimsphäre, geschlechtliche Identität
- Persönliche Ehre und Recht auf Selbstdarstellung
- Passivität als Beschuldigter und Resozialisierung
- Recht am eigenen Bild und Wort
- Recht auf informationelle Selbstbestimmung
- Vertraulichkeit und Integrität informationstechnischer Systeme.

---

[75] BVerfG, NJW 2002, 3619.
[76] Vgl. nur BGH, NJW 2009, 3580 und *Epping*, Grundrechte, Rn. 631.
[77] *Martini*, JA 2009, 839; a.A. wohl OVG Lüneburg, NJW 2009, 2697.
[78] BVerfGE 54, 148, 153; 96, 56, 61.

Der vorletzte Teilbereich stammt aus dem sog. **Volks-zählungsurteil**, in dem das BVerfG erkannte, dass unter den Bedingungen der modernen elektronischen Datenverarbeitung zusätzlicher Schutz für die Privatsphäre erforderlich ist, weil sonst der „gläserne Bürger" droht. Das so gefundene Recht auf informationelle Selbstbestimmung **(RiS)** ist die Befugnis des Einzelnen, selbst über die Preisgabe und Verwendung seiner persönlichen Daten zu bestimmen, selbst zu bestimmen, wann und innerhalb welcher Grenzen persönliche Lebenssachver-halte offenbart werden.[79] Diese Definition passt entsprechend auch zu den Rechten am eigenen Bild und am eigenen Wort, die man somit als Unterfall des RiS betrachten kann, was aber nicht von weiterer Bedeutung ist.

Diesem RiS hätte man auch die Gewährleistung der Vertraulichkeit und **Integrität informationstechnischer Systeme** zuordnen können, mit dem vor allem die großen Datenbestände auf Computern geschützt werden. Das BVerfG hat dafür aber diesen neuen Teil-Schutzbereich formuliert, weil das RiS nur vor *einzelnen* Datenerhebungen schütze, und auch Art. 10 und 13 GG keinen umfassenden Schutz gewährten.[80]

Das *BVerwG* hat dem APR zugeordnet „das Recht eines schwer und unheilbar kranken Menschen, zu entscheiden, wie und zu welchem Zeitpunkt **sein Leben enden soll**."[81]

Schutz der Passivität als Beschuldigter bedeutet, dass man nicht (aktiv) an der Aufklärung einer Straftat mitwirken muss, deren man verdächtig ist. Während und nach einer evtl. Straf-haft hat der Täter ein Recht auf Resozialisierung, also Wieder-eingliederung in die Gesellschaft.[82] Zur Privat- und Intimsphäre gehört auch die sexuelle Selbstbestimmung und das Recht, die eigene Abstammung zu kennen. Wer sich aus diesen Sphären

---

[79] BVerfGE 65, 1, 42.
[80] BVerfGE 120, 274 = NJW 2008, 822; *Hömig,* Jura 2009, 207.
[81] BVerwG, NJW 2017, 2215; vgl. S. 34.
[82] BVerfGE 35, 202; 45, 187; 64, 261.

hinaus in die Öffentlichkeit begibt (*Sozialsphäre*), genießt dort weniger Schutz. Versuche, diese drei Sphären klar voneinander zu trennen, gelingen aber meist nicht, so dass die sog. Sphärentheorie des BVerfG erheblich an Bedeutung verloren hat.[83] Wichtiger ist die präzise Prüfung der Stationen Schutzbereich, Eingriff und Einschränkbarkeit.

III.   Eingriffe

Der Schutzbereich kann beeinträchtigt werden durch Anordnungen staatlicher Organe (Rechtsakte), etwa eine Information aus der Privatsphäre zu offenbaren. Überwiegend erfolgt der Eingriff hier aber *faktisch*, durch eigenes Handeln des Staates, etwa durch Ausforschen der Privatsphäre, herabsetzende Äußerungen über Bürger, Bild- und Tonaufzeichnungen durch die Polizei, wie überhaupt jede Form der **Datenverarbeitung** ohne Einwilligung des Betroffenen. Allerdings muss es sich um *personenbezogene* Daten handeln, also um Einzelangaben über persönliche oder sachliche Verhältnisse einer bestimmten oder bestimmbaren natürlichen Person (§ 3 BDSG), nicht um bloß sachbezogene Daten wie etwa die Größe eines Hauses. Kein Eingriff liegt vor, wenn sich der Staat die personenbezogenen Informationen aus allgemein zugänglichen Quellen besorgt, z.B. aus dem Telefonbuch. Wenn die Datenerhebung sogar einen Eingriff in Art. 10 oder 13 GG darstellt, gehen diese spezielleren Schutzrechte für die Privatsphäre dem APR vor.

Beispiele: Die Telefonüberwachung und die Wohnungsdurchsuchung greifen intensiv in die Privat- oder Intimsphäre ein, sind aber speziell von Art. 10 und 13 GG erfasst; diese gewähren noch stärkeren Schutz als das APR. Eine sog. Online-Durchsuchung von Computern ist nicht vollständig von Art. 10 und 13 GG erfasst, greift im übrigen in das APR ein, dessen Schutz insofern verstärkt wird.[84]

---

[83] Vgl. nur *Kingreen/Poscher*, Grundrechte, Rn. 446.
[84] BVerfGE 120, 274 = NJW 2008, 822.

Weitere Eingriffe in das APR sind die Durchführung einer Volkszählung, die Auswertung von Tagebüchern oder Krankenakten, die
öffentliche Fahndung nach einer Person, die automatisierte Video-
Erfassung eines KfZ-Kennzeichens (wenn zur Fahndung ausge-
schrieben),[85] und eine Vielzahl sonstiger polizeilicher Maßnahmen wie
Personenfeststellung, Durchsuchung, Observation, Alkoholtest, er-
kennungsdienstliche Behandlung, DNA-Analyse, und Bildaufnahmen
dann, wenn Personen erkennbar sind. Betroffen ist heutzutage meist
der Teilbereich Recht auf informationelle Selbstbestimmung (RiS).

Eingriffe durch *Privatpersonen* in das APR sind z.B. das Anfertigen
oder Verbreiten von Bild- oder Tonaufzeichnungen ohne Einwilligung
des Betroffenen, das Betreiben von sog. Dashcams (On-Board-
Kameras) im Straßenverkehr,[86] das heimliche Mithören durch einen
Dritten bei einem Telefonat;[87] ebenso die nachträgliche Verfilmung
einer Straftat dann, wenn der wahre Täter erkennbar ist.[88] Flug-
gesellschaften speichern Fluggastdaten, Festveranstalter überwachen
mit Kameras das Festgelände. Zwischen Privatpersonen wirkt Art. 2
i.V.m. Art. 1 GG zwar nicht unmittelbar, hat aber starke Ausstrahlung
ins Privat- und Strafrecht.

IV.   Einschränkbarkeit

1.)   Schranken

Ausgangspunkt ist Art. 2 Abs. 1 GG. Die dortige Passage
„soweit er nicht …" muss wie bei der allgemeinen Handlungsfreiheit als Schranke verstanden werden, vor allem die „verfassungsmäßige Ordnung" in der Auslegung wie bei der allgemeinen Handlungsfreiheit, siehe. 4. Kapitel IV. Das wirkt im
Ergebnis wie ein einfacher Gesetzesvorbehalt. Zusätzlich verlangt das BVerfG aber bzgl. des RiS mehr an *Bestimmtheit* vom

---

[85] BVerfGE 120, 378 = NJW 2008, 1505; BVerwG, NVwZ 2015, 906.
[86] BGH, NJW 2018, 2883; VG Göttingen, NJW 2017, 1336.
[87] BVerfG, NJW 2002, 3619; BGH, NJW 2003, 1727.
[88] LG Koblenz, NJW 2007, 695 (Fall Gäfgen); OLG Frankfurt, NJW
2007, 699 und BGH, NJW 2009, 3576 (Kannibale von Rotenburg).

einschränkenden Gesetz: Die Beschränkungen bedürfen „einer (verfassungsmäßigen) gesetzlichen Grundlage, aus der sich die Voraussetzungen und der Umfang der Beschränkungen klar und für den Bürger erkennbar ergeben… Ein Zwang zur Angabe personenbezogener Daten setzt voraus, dass der Gesetzgeber den Verwendungszweck bereichsspezifisch und präzise bestimmt".[89]

Diese Forderungen des BVerfG im sog. Volkszählungsurteil (1983) haben umfangreiche Tätigkeiten der Gesetzgebungsorgane ausgelöst, nicht nur im damals betroffenen Volkszählungsgesetz. Eine Vielzahl „bereichsspezifischer" umfangreicher Vorschriften wurde geschaffen, oft sehr kleinteilig. Bei *erheblichen* Eingriffen in das RiS ist die Anwendung von sog. Generalklauseln nicht mehr möglich, etwa von §§ 161, 163 StPO zur Rechtfertigung von heimlichen sog. Online-Durchsuchungen von Privat-PCs.[90]

Für einen solchen Eingriff in die Vertraulichkeit informationstechnischer Systeme hat das BVerfG die Hürden weiter deutlich erhöht, im Ergebnis ähnlich wie in Art. 13 Abs. 3, 4 GG: der Eingriff muss von einem Richter angeordnet werden zum Schutz eines konkret gefährdeten überragend wichtigen Rechtsguts.[91] Umgesetzt ist das z.B. in § 20 k BKAG [92] und § 100b StPO.

2.)   Schranken-Schranken

Absolut geschützt ist der *unantastbare Kernbereich* des Persönlichkeitsrechts bzw. der privaten Lebensgestaltung. Dieser kann mit dem Wesensgehalt (Art. 19 Abs. 2 GG) gleichgesetzt werden oder auch mit der Intimsphäre. Problematisch ist nur, was zum unantastbaren Kernbereich gehört. Während früher

---

[89] BVerfGE 65, 1, 44, 46 (Volkszählung).
[90] BGH, NStZ 2007, 279, 281; ähnlich BVerfG, NVwZ 2007, 688.
[91] BVerfGE 120, 274.
[92] teilweise verfassungswidrig gem. BVerfG, NJW 2016, 1781.

bei der Auswertung von Tagebüchern immer wieder vergeblich eine Eingrenzung versucht wurde,[93] hat das BVerfG in neueren Entscheidungen den unantastbaren Kernbereich verletzt gesehen, wenn der Bürger vom Staat vollständig überwacht werden soll.

Das kann geschehen, wenn eine Person in der Psychiatrie gegen ihren Willen rund um die Uhr beobachtet wird,[94] wenn heimlich und elektronisch ganz private Gespräche oder Verhaltensweisen abgehört werden,[95] wenn Dateien höchstpersönlichen Inhalts auf Computern ausgeforscht werden, oder wenn durch die Summe der Überwachungsmaßnahmen gegen eine Person eine Rundumüberwachung entsteht.[96] Der Kernbereich wäre wohl auch verletzt, wenn bei der DNA-Analyse nicht nur das Identifizierungsmuster, sondern auch der sog. codierende Anteil der DNA entschlüsselt würde, und damit Rückschlüsse auf Merkmale wie Erbanlagen, Charaktereigenschaften oder Krankheiten des Betroffenen ermöglicht würden,[97] vgl. § 81e StPO.

Wenn dieser Bereich nicht betroffen ist (Regelfall), greift der Grundsatz der **Verhältnismäßigkeit**. Der Eingriff muss geeignet, erforderlich und angemessen sein. Dabei kann auch berücksichtigt werden, ob in die Privatsphäre oder nur in die sog. Sozialsphäre des Betroffenen eingegriffen wird.[98] Ansonsten bestehen hier keine Besonderheiten. Auf der letzten Stufe *Angemessenheit* spielt u.a. eine Rolle, ob der Eingriff massenhaft und flächendeckend oder nur vereinzelt erfolgt.[99] Hier wird oft auch eine Abwägung mit anderen Grundrechten erforderlich, z.B. mit der Meinungs- und Pressefreiheit oder mit dem APR einer anderen Person.

---

[93] Z.B. BVerfGE 80, 367, 374 f.; BGH, NStZ 1998, 635.
[94] BVerfG, NJW 2002, 283.
[95] BVerfG, NJW 2004, 999; BGH, NJW 2012, 945 (Selbstgespräch).
[96] BVerfG, NJW 2005, 1338; NJW 2016, 1781.
[97] BVerfG, NJW 2001, 879.
[98] Vgl. *Epping,* Grundrechte, Rn. 653.
[99] BVerfGE 120, 378 zum sog. AKLS

Das gilt vor allem bei Eingriffen in das APR durch *Privatpersonen* oder Presseorgane. So ist beim Vaterschaftstest nicht nur das APR des Kindes, sondern auch des (vermeintlichen) Vaters zu berücksichtigen und zu einem vernünftigen Ausgleich zu bringen.[100] Wenn Presseorgane prominenten Personen nachstellen, diese fotografieren und auch über Privates berichten, sind APR und Pressefreiheit (Art. 5 Abs. 1 GG) abzuwägen. Das APR sog. absoluter Personen der Zeitgeschichte (vgl. § 23 KUG) musste dabei früher meist zurücktreten.[101] Der Europäische Gerichtshof für Menschenrechte hat dann aber einen stärkeren Schutz auch dieser Personen verlangt, gestützt auf Art. 8 EMRK.[102] Der Bundesgerichtshof hat das übernommen: ohne echtes Informationsinteresse der Öffentlichkeit sind Fotos von Prominenten ohne deren Einwilligung nicht mehr zulässig.[103] Ein Kinofilm über das Leben eines Verbrechers ist jedenfalls dann zulässig, wenn dieser seine Lebensgeschichte selbst schon z.B. in einem Buch oder in Zeitschriften verwertet hat.[104]

Grundrechtlich gesehen geht es um (mittelbare) **Drittwirkung** des APR im Privatrecht oder um die *Schutzpflicht* des Staates für das APR, zu leisten durch die Gesetzgebung und die Zivil- oder Strafgerichte. Der Umgang gewerblicher Unternehmen mit den Daten ihrer Kunden (z.B. in „sozialen Netzwerken") ist derzeit eine der größten Herausforderung des Datenschutzes.[105]

Wie oben bei der allgemeinen Handlungsfreiheit (4. Kapitel) gibt es auch hier *kein Zitiergebot* in einschränkenden Gesetzen.

---

[100] BVerfG, NJW 2007, 753.
[101] BVerfGE 101, 361.
[102] EGMR, NJW 2004, 2647 (Caroline von Monaco/Hannover).
[103] BGH, NJW 2007, 1917 (Caroline von Monaco/Hannover).
[104] BGH, NJW 2009, 3576 (Kannibale von Rotenburg).
[105] *Masing,* NJW 2012, 2305.

Zusammenfassung: Allgemeines Persönlichkeitsrecht (Art. 2 Abs. 1 i.V.m. Art. 1 GG)

Funktion	Abwehrrecht, Drittwirkung, Schutzpflicht
Schutzbereiche	Privatsphäre, Ehre, Recht auf **informationelle Selbstbestimmung,** eigenes Bild und Wort, Vertraulichkeit informationstechn. Systeme
Eingriffe	z.B. herabsetzende Äußerung, Ausforschung, Datenverarbeitung
Schranke	„verfassungsmäß. Ordnung" mit hinreichend *bestimmtem* Gesetz
Schranken-Schranken	unantastbarer Kernbereich, Verhältnismäßigkeit, kein Zitiergebot

📖 **Übungsfälle:** *Reffken/Thiele*, Sandardfälle Staatsrecht II, Fall 6 (DNA-Analyse); *Hinz*, Jura 2009, 141 (Online-Durchsuchung); *Degenhardt*, Klausurenkurs I, Fall 11 (Videoüberwachung).

6. Kapitel: Die Menschenwürde (Art. 1 Abs. 1 GG)

I. Funktion

An erster Stelle im Grundgesetz steht die alles beherrschende Aussage, dass die Würde des Menschen unantastbar ist. In früheren Verfassungen war diese noch nicht ausdrücklich enthalten. In der Zeit des Nationalsozialismus wurden aber im Namen des Staates grauenhafte Verbrechen an Menschen begangen, die auf menschenverachtender Ideologie beruhten und in ihrer Systematik bis dahin unvorstellbar waren. Dagegen soll Art. 1 GG sogleich ein Zeichen setzen. Er ist aber nicht nur ein Symbol, sondern wirkt unmittelbar als höchster Rechtswert in unserem Staat, darf auch durch Verfassungsänderung nicht „berührt" werden, Art. 79 Abs. 3 GG. Die Menschenwürde nimmt also eine **Sonderstellung** ein.[106]

Weil in Art. 1 Abs. 3 steht, dass die „nachfolgenden Grundrechte ..." bindend sind, wird diskutiert, ob Art. 1 Abs. 1 selbst *kein* Grundrecht ist.[107] Jedenfalls wirkt Art. 1 mindestens so stark wie die nachfolgenden Grundrechte, am einfachsten und besten bezeichnet man ihn (wie die h.M.) ebenfalls als Grundrecht, aber als herausgehobenes. Als einziges Grundrecht ist Art. 1 wirklich gar nicht einschränkbar, nur hier stehen die zwei wichtigsten Funktionen ausdrücklich im Text: Der Staat hat die Menschenwürde zu achten = **Abwehr** verletzender staatlicher Maßnahmen, und zu **schützen** gegen Verletzungen durch Andere. Damit wirkt Art. 1 GG auch in die Beziehung zwischen Privatleuten hinein, indem der Staat z.B. verbietet, Kinder entwürdigend zu erziehen (§ 1631 Abs. 2 BGB), oder unter Strafe stellt, jemanden zur Prostitution zu zwingen (§ 181 StGB).

---

[106] *Epping,* Grundrechte, Rn. 595; *Sachs,* Verfassungsrecht II, S. 166.
[107] *Dreier,* GG, Art. 1 Rn. 67, 127; *Epping,* Grundrechte, Rn. 598 f.; *Höfling,* JuS 1995, 857.

Im Einzelfall ist es aber oft sehr schwer, Verhaltensweisen zwischen Privatleuten dem Art. 1 GG zuzuordnen, s.u. III. Leichter fällt die Beurteilung *staatlicher* Maßnahmen, die hier auch im Mittelpunkt steht.

In Verbindung mit dem Sozialstaatsprinzip (Art. 20 Abs. 1 GG) folgt aus Art. 1 GG ein **Leistungsanspruch** (gegen den Staat) auf Gewährleistung des Existenzminimums, s.u. II 2.
Art. 1 GG wird schließlich noch die Funktion zugeschrieben, den Schutzbereich anderer Grundrechte zu beeinflussen (vor allem Art. 2, s.o. 5. Kapitel), und dort als „Menschenwürdegehalt" zum unantastbaren Wesensgehalt zu gehören.[108] Das ist aber bei diesen Grundrechten zu erörtern.

II.   Schutzbereich

1.)   Persönlich

Alle Menschen sind Träger dieses Grundrechts, wie Art. 1 GG ausdrücklich klarstellt, auf juristische Personen ist es nicht anwendbar. Die Wirkungsdauer ist länger als bei den anderen Grundrechten, sie reicht nicht nur von der Geburt bis zum Tod. Der Schutz des Art. 1 GG beginnt schon vor der Geburt und wirkt über den Tod hinaus, allerdings sind diese Zeiträume bisher nicht genau bestimmt.[109] Vertretbar ist, den Schutz (vor der Geburt) schon mit der Befruchtung der Eizelle beginnen zu lassen, oder erst 14 Tage nach der Empfängnis (Nidation); das BVerfG hat sich noch nicht festgelegt.[110] Nach dem Tod besteht Schutz gegen entwürdigende Angriffe und Erniedrigungen,[111] der aber kontinuierlich im Lauf der Jahre abnimmt, wie auch die Erinnerung an den Verstorbenen.

---

[108] Vgl. *Kingreen/Poscher,* Grundrechte, Rn. 410.
[109] Vgl. *Epping,* Grundrechte, Rn. 603 f.; *Dreier,* GG, Art. 1 Rn. 47 ff.
[110] BVerfGE 39, 1, 41; 88, 203, 251.
[111] BVerfGE 30, 173; NJW 2001, 2957; vgl. auch § 168 StGB.

2.) Sachlich

Eine positive Umschreibung des sachlichen Schutzbereichs fällt schwer, die bisherigen Vorschläge klingen sehr allgemein, philosophisch oder religiös. Die Menschenwürde wird etwa definiert als der soziale Wert- und Achtungsanspruch oder Eigenwert des Menschen, der diesem schon kraft seines Personseins zukommt,[112] oder auch die Eigenständigkeit, die Wesenheit, das selbstbestimmte Verhalten, die Natur des Menschen schlechthin.[113] Empfohlen werden kann an dieser Stelle folgende Annäherung: es geht um die **Achtung** des anderen **als Mensch**, Art. 1 GG ist eine absolute Tabugrenze. Näheres wird dann (negativ) beim Abschnitt Eingriff bestimmt: welche Handlungen verletzen diesen Achtungsanspruch?

Neben diesem Achtungsanspruch hat das BVerfG einen Anspruch auf Gewährleistung eines menschenwürdigen **Existenzminimums** aus Art. 1 GG i.V.m. Art. 20 Abs. 1 (Sozialstaatsprinzip) entwickelt, der jedem Hilfebedürftigen staatliche Mittel für seine physische Existenz und für ein Mindestmaß an Teilhabe am gesellschaftlichen, kulturellen und politischen Leben sichert, der aber der Konkretisierung durch den Gesetzgeber (z.B. im Sozialgesetzbuch) bedarf.[114]

III. Eingriffe

Gebräuchlich ist allgemein die sog. Objektformel, die zunächst in der Literatur entwickelt wurde:[115] Ein Eingriff liegt vor, wenn der Mensch als **bloßes Objekt** behandelt wird. Auch diese anerkannte Aussage eröffnet noch weiten Auslegungsspielraum. Das BVerfG hat deshalb zusätzlich darauf abgestellt, ob

---

[112] BVerfGE 30, 1; 87, 209
[113] Vgl. *Hofmann*, AöR 1993, 353; *Poscher*, JZ 2004, 756.
[114] BVerfG, NJW 2010, 505; NVwZ 2012, 1024.
[115] *Dürig*, AöR 81 (1956), 117, 127.

eine *verächtliche Behandlung* vorliegt, also eine Verachtung des Wertes des Menschen.[116] In der Literatur ist dieser Zusatz umstritten,[117] Einigkeit besteht aber wohl darin, Eingriffe nicht vorschnell anzunehmen, damit dieses höchste Grundrecht nicht bei der Einschränkbarkeit (Kap. IV) dann „verwässert" wird, wirkliche Eingriffe also weiterhin tabu sind. In Kurzfassung liegt somit ein Eingriff vor, wenn der Mensch **herabgewürdigt** wird zum bloßen Objekt (staatlichen Handelns). Nähere Eingrenzungen sind in *Fallgruppen* zu leisten. Bei der Beurteilung dessen, was Privatleute miteinander machen, ist besondere Vorsicht geboten.

Beispiele

a) *Staatliche* Maßnahmen: Eingriffe sind die Vorenthaltung oder Entziehung des Existenzminimums; Folter von Beschuldigten zur Herbeiführung einer Aussage; Inhaftierung von Straftätern ohne jegliche Entlassungschance; Mehrpersonen-Haftraum in JVA ohne abgetrennte Toilette; Straftäter an den „Pranger" stellen; einen Beschuldigten an den „Lügendetektor" zwingen; einem Soldaten befehlen, Regenwürmer zu essen; die Ausforschung des Kernbereichs privater Lebensgestaltung mit elektronischen Mitteln; und die „Opferung" unschuldiger Passagiere eines von Terroristen entführten Flugzeugs durch Abschuss dieser Maschine.[118] Eine **Einwilligung** der Betroffenen in diese Maßnahmen wäre jeweils **unbeachtlich**.

Keine Eingriffe in Art. 1 GG sind dagegen die Einweisung von Wohnungslosen in eine Notunterkunft, der sog. finale (tödliche) Rettungsschuss durch die Polizei; sowie die Sicherungsverwahrung gefährlicher Straftäter im Anschluss an die Haft, denn auch bei dieser besteht eine Entlassungschance, vgl. § 67 e StGB. Das zwangsweise Einflößen von Brechmitteln in einen mutmaßlichen Drogendealer, der

---

[116] BVerfGE 30, 1; NJW 2004, 999.
[117] Vgl. nur *Kingreen/Poscher,* Grundrechte, Rn. 424.
[118] Zu einzelnen Beispielen: BVerfGE 109, 133; OLG Frankfurt, NJW 2003, 2844; NJW 2013, 75; BVerwG, NJW 1992, 587; BVerfG, NJW 2004, 999; NJW 2005, 656; NJW 2006, 751, 758; NJW 2010, 505; NJW 2012, 1024; NJW 2016, 389.

52

gerade etwas geschluckt hat, hat das BVerfG als Eingriff (nur) in Art. 2 Abs. 2 GG gewertet, während der EGMR eine „unmenschliche und erniedrigende Behandlung" gem. Art. 3 EMRK annimmt.[119]

b) *Private* Maßnahmen / Verhaltensweisen: Eingriffe sind das Halten von Menschen als Sklaven, Frauen zur Prostitution zu zwingen, Frauen- und Kinderhandel, das (reproduktive) Klonen von Menschen, systematische Demütigungen oder Erniedrigungen anderer Personen.[120] Einfache Beleidigungen sind dagegen ein Fall (nur) des Allgemeinen Persönlichkeitsrechts, s.o. 5. Kapitel. Gar kein Grundrechtseingriff liegt vor, wenn eine Person sich freiwillig beim Psychologen einem „Lügendetektor"-Test unterzieht, um die Wahrheit seiner Aussagen zu beweisen. Trotzdem ist das Testergebnis vor Gericht (laut BGH) bisher nicht verwertbar.[121]

Schwierig ist die Beurteilung vor allem dann, wenn Privatleute untereinander **einvernehmlich** Verhaltensweisen pflegen, die andere geschmacklos oder gar würdelos finden. Dann wird oft vorschnell ein Verstoß gegen Art. 1 GG proklamiert, gegen den der Staat eingreifen müsse. Das geschah beispielsweise bei der erstmaligen Ausstrahlung der *„Big-Brother-Show"* im Fernsehen, bei der sich die Teilnehmer einer andauernden Beobachtung ihres Privatlebens durch Kameras unterwarfen.[122] Bei sog. *Peep-Shows* präsentieren Frauen sogar ihren Intimbereich gegenüber Schaulustigen. Beim sog. *Zwergenweitwurf* lassen sich kleinwüchsige Menschen zur Belustigung des Publikums durch die Luft schleudern.

Das mag alles geschmacklos oder gar würdelos sein. Wenn der Betroffene aber damit einverstanden ist oder damit sogar sein Geld verdienen will, ist mit der Zuordnung zu Art. 1 GG Zurückhaltung geboten. Bei richtigem Verständnis will das GG dem

---

[119] BVerfG, NStZ 2000, 381; EGMR, NJW 2006, 3117.
[120] *Kingreen/Poscher,* Grundrechte, Rn. 426.
[121] BGH, NJW 1999, 657; NStZ 2011, 474: ungeeignet.
[122] *Hinrichs,* NJW 2000, 2173.

Bürger keine Konzeption des richtigen Lebens vorschreiben, keine Tugend-Tyrannei der Würde einführen, sondern dem Bürger Freiräume gewährleisten.[123]

Bei der (freiwilligen) Prostitution ist das längst anerkannt.[124] Auch die oben beschriebenen Beispiele gehören deshalb herabgestuft ins einfache Recht, z.B. in die Gewerbeordnung (§ 33 a Schaustellung von Personen). Umstritten sind aber noch öffentliche Totschießspiele wie Paintball oder Laserspiele.[125] Die freiwillige Gesichtsverschleierung muslimischer Frauen kann der Staat nicht wegen der Menschenwürde verbieten, sondern allenfalls aus anderen Gründen.[126]

IV. Einschränkbarkeit

„Die Würde des Menschen ist unantastbar". Das ist wörtlich zu nehmen. Es gibt keine Einschränkungsmöglichkeit, weder geschrieben noch ungeschrieben, auch keine Eingriffsrechtfertigung durch kollidierendes Verfassungsrecht, denn Art. 1 GG ist selbst der höchste Verfassungswert. Wer anderes behauptet, hat entweder den Schutzbereich zu weit gezogen,[127] oder versucht seit Jahren vergeblich, in extremen Bedrohungslagen eine sog. Rettungsfolter zwecks Aussageerzwingung zuzulassen.[128] Solches wurde aber im Frankfurter Entführungsfall klar zurückgewiesen.[129] Fraglich kann nur sein, ob schon die *Androhung* von Foltermethoden gegen die Menschenwürde verstößt, und

---

[123] *Huster,* NJW 2000, 3477; *Dreier,* GG, Art. 1 I Rn. 152; a.A. VG Neustadt, NVwZ 1993, 98 (Zwergenweitwurf).
[124] VG Berlin, NJW 2001, 983; Prostituionsgesetz vom 20.12.2001.
[125] BVerwG, NVwZ 2002, 598 (Laser); VGH Mannheim, VBlBW 2004, 378 und OVG Lüneburg, NVwZ-RR 2010, 635 (Paintball).
[126] EGMR, NJW 2014, 2925.
[127] So *Katz,* Staatsrecht, Rn. 680.
[128] so *Brugger,* VBlBW 1995, 446; JZ 2000, 165.
[129] BVerfG, NJW 2005, 656; LG Frankfurt, NJW 2005, 692; OLG Frankfurt, NJW 2013, 75 (Fall Daschner/Gäfgen).

ob Beamte, die solches in einer Extremsituation tun, *persönlich* gerechtfertigt oder entschuldigt sind.

Als staatliche Maßnahme ist das in jedem Fall rechtswidrig (vgl. nur § 136 a StPO), ein wirklicher Kollisionsfall Menschenwürde gegen Menschenwürde ist nicht ersichtlich, eine Prüfung der Verhältnismäßigkeit findet bei Art. 1 GG nicht statt.

Zusammenfassung: Die Menschenwürde (Art. 1 Abs. 1 GG)

Funktion	oberster Rechtswert, Abwehr- und Schutzfunktion
Schutzbereich	Achtung als Mensch, unantastbarer personaler Eigenwert, Existenzminimum
Eingriff	Herabwürdigung zum bloßen **Objekt** (meist staatlichen Handelns)
Schranke	keine !
Schranken-Schranken	entfallen

📖 **Übungsfälle:** *Grote/Kraus*, Fall 3 (Probearbeitsverhältnis); *Kingreen/Poscher*, Grundrechte, Rn. 406/432 (Entführungsdrama).

7. Kapitel: Glaubens- und Gewissensfreiheit
(Art. 4 GG)

I.   Funktion

Immer wieder streiten Menschen um den „wahren" Glauben, die „richtige" Religion, bisweilen streiten auch Staaten darüber, sogar zu Kriegen darüber ist es schon gekommen, in Europa zum 30jährigen Krieg 1618-1648. Danach hat sich in Europa allmählich die Glaubensfreiheit durchgesetzt, in Nordamerika schon früher. Die Weimarer Verfassung von 1919 widmete der Glaubensfreiheit und den Religionen einen ganzen Abschnitt (Art. 135 – 141), der gem. Art. 140 GG überwiegend Bestandteil des Grundgesetzes geworden ist. Dieser Abschnitt regelt vor allem das Verhältnis zwischen Staat und Kirchen, wonach es in Deutschland keine Staatskirche gibt, aber auch keine vollständige Trennung von Staat und Kirchen.[130]

Für das Verhältnis zwischen Staat und *Bürger* ist Art. 4 GG wichtiger. Dieser ist vor allem ein **Abwehrrecht** gegen staatliche Einflussnahmen, gewährt keine Leistungsansprüche etwa auf Bereitstellung von Räumen für Gottesdienste. Als wertsetzende Grundsatznorm wirkt Art. 4 GG aber in die gesamte Rechtsordnung hinein, verlangt religiöse Neutralität vom Staat, kann Schutzpflichten (etwa für die Sonntagsruhe)[131] auslösen und wirkt sich sogar im Zivilrecht / Arbeitsrecht aus: das Bundesarbeitsgericht hat einem Kaufhaus verboten, eine Verkäuferin in der Parfümerieabteilung nur wegen des Tragens eines islamischen Kopftuchs zu kündigen.[132] Die Beschneidung von Knaben aus religiösen oder kulturellen Gründen ist jetzt in § 1631 d BGB geregelt.

---

[130] *Jarass/Pieroth,* GG, Art. 137 WRV Rn. 2.
[131] BVerfG, NVwZ 2010, 570 zur Berliner Ladenöffnung.
[132] BAG, NJW 2003, 1685; bestätigt vom BVerfG, NJW 2003, 2815.

II. Schutzbereiche

1.) Persönlich

Träger dieses Grundrechts sind alle **Menschen**, auch Kinder. Bei diesen kommt es aber oft darauf an, wann sie die Religionsfreiheit selbst geltend machen können (ohne die Eltern oder gegen deren Willen), wann sie also *grundrechtsmündig* sind. Das wird mit 14 Jahren angenommen, orientiert am Gesetz über religiöse Kindererziehung.[133] Auch *Personenvereinigungen* können Träger der Religionsfreiheit sein, weil man Glaubensbetätigungen auch kollektiv ausüben kann. Das gilt z.b. für eine Kirchengemeinde, unabhängig von Rechtsfähigkeit oder Rechtsform, eine förmliche staatliche Anerkennung als Kirche ist nicht erforderlich. Handels- und Kapitalgesellschaften scheiden aber aus.

Ob sich die *Scientology-Organisation* auf Art. 4 GG berufen kann, oder ein wirtschaftlicher Geschäftsbetrieb ist, ist immer noch umstritten.[134] Einzelne Mitglieder können jedenfalls von Art. 4 geschützt sein.[135] Religionsgesellschaften, die als *Körperschaften des öffentlichen Rechts* anerkannt sind (Art. 137 WRV), genießen nicht nur den Schutz des Art. 4 GG, sondern Privilegien wie das Recht, Steuern zu erheben. Deshalb wird auch über diesen Status gelegentlich gestritten.[136] Nicht kollektiv ausübbar ist nach wohl richtiger Auffassung die *Gewissensfreiheit*, weil diese eine höchstpersönliche Entscheidung (zur Verweigerung) voraussetzt.[137]

---

[133] *Epping,* Grundrechte, Rn. 302 f.; *Sachs,* GG, Art. 4 Rn. 8.
[134] Vgl. nur BAGE 79, 319; BVerwGE 90, 112; 105, 313; VGH Mannheim, NVwZ-RR 2004, 905; *Schmidt,* Grundrechte, Rn. 396.
[135] BVerwG, NJW 2006, 1303.
[136] Z.B. BVerfG, NJW 2001, 429; BVerwG, NJW 2006, 3156; NVwZ 2013, 943; OVG Berlin, NVwZ 2005, 1450 (Zeugen Jehovas).
[137] *Jarass/Pieroth,* GG, Art. 4 Rn. 47; *Ipsen,* Staatsrecht II, Rn. 388.

2.) Sachlich

a) Glaube, Religion, Weltanschauung

Religion und Weltanschauung gemeinsam ist, dass sie Aussagen zu Herkunft, Sinn und Ziel des menschlichen Lebens und zum Weltganzen entwickeln, die nicht naturwissenschaftlich nachgewiesen sein müssen, aber aus religiösen oder philosophischen Gründen für wahr gehalten werden. Weltanschauung beschränkt sich auf weltliche Erklärungen, Glaube und Religion legen eine das sinnlich Wahrnehmbare überschreitende („transzendente") Wirklichkeit zugrunde,[138] wie etwa die Existenz von Gott oder des Jenseits. Geschützt ist nicht nur, solche Überzeugungen zu haben und zu *bekennen*. Art. 4 Abs. 2 GG enthält zusätzlich die Gewährleistung der *Religionsausübung* und wird mit Abs. 1 zu einem einheitlichen Schutzbereich zusammengefasst, den das BVerfG schon lange sehr weit auslegt (auch für die Weltanschauung), nämlich „sein gesamtes Verhalten an den Lehren seines Glaubens auszurichten und seiner inneren Glaubensüberzeugung gemäß zu **handeln.**"[139] Damit sind also nicht nur innere Vorgänge geschützt, sondern auch Verhaltensweisen, die mit Anderen oder dem Staat in Konflikt geraten können.

Beispiele: Beten, auch während der Arbeits- oder Schulzeit; Glockenläuten zum Gebet; sich aus religiösen Gründen verschleiern; aus solchen Gründen Tiere opfern oder ohne Betäubung schlachten; vermeintlich verfolgte Menschen aufnehmen und verstecken; die eigenen Kinder von der „gottlosen" Schule fernhalten.

Nicht erforderlich ist jeweils, dass das Verhalten nach dem Glauben „vernünftig" ist und auf sorgfältiger Recherche beruht. Es muss auch nicht von einer Amtskirche angeordnet sein, auch

---

[138] BVerwGE 90. 112, 115; *Hömig,* GG, Art. 4, Rn. 4.
[139] BVerfGE 32, 98, 106; 41, 29, 49; 93, 1, 15; 108, 282, 297.

58

sog. Sekten sind geschützt oder Teile des islamischen Glaubens. Erforderlich ist aber, dass der Handelnde **plausibel darlegen** kann, dass sein Glaube ihm das gebietet.[140]

Beispiele: *Nicht geschützt* ist also das Glockenläuten zum Zwecke der Zeitangabe; das sog. Schächten von Tieren (nur) deshalb, weil man Fleisch anders geschlachteter Tiere nicht essen möchte;[141] die Gewährung von sog. Kirchenasyl (nur) deshalb, weil man die Ausländerpolitik der Regierung ablehnt. Noch gar nicht plausibel dargelegt ist bisher der Genuss von Marihuana aus religiösen Gründen,[142] sowie die Durchführung von Bigamie oder Vielehe in Deutschland.[143]
Geschützt ist aber, seine Kinder selbst religiös erziehen zu wollen.[144]

Außer solchen aktiven Verhaltensweisen, die vom Glauben oder der Weltanschauung geboten sind, ist auch deren Gegenteil (die **Negation**) geschützt, also gerade nicht glauben, nicht bekennen, nicht missioniert werden, keinen religiösen Eid leisten. Zum Teil sind diese Negationen in Art. 140 GG i.V.m. Art. 136 WRV ausdrücklich enthalten.

b)   Gewissensfreiheit

Hier werden Art. 4 Abs. 1 und 3 GG zusammengefasst: Das BVerfG definiert die Gewissensentscheidung als „jede ernste sittliche, d.h. an den Kategorien von Gut und Böse orientierte Entscheidung, die der Einzelne in einer bestimmten Lage als für sich bindend und unbedingt verpflichtend innerlich erfährt, so dass er gegen sie nicht ohne ernste Gewissensnot handeln könnte."[145]

---

[140] BVerwGE 94, 82, 87; BVerfG, NJW 2002, 663, 666.
[141] VGH München, NVwZ-RR 2010, 262.
[142] Offen gelassen in BVerwG, NJW 2001, 1365.
[143] *Pieroth/Schlink*, Grundrechte, Rn. 557.
[144] BVerfG, NJW 2009, 3151.
[145] BVerfGE 12, 45; NJW 1993, 455.

Eine solche Gewissensnot ist meist religiös oder weltanschaulich beeinflusst, muss das aber nicht sein. Sie muss aber (wie oben dargestellt) glaubhaft dargelegt werden können. Das war früher ein großes Thema bei der Kriegsdienstverweigerung aus Gewissensgründen gem. Art. 4 Abs. 3 GG, als der Staat noch viele Rekruten einziehen wollte. Dieser Spezialfall der Gewissensfreiheit war insofern typisch, als es darum ging, dass der Mensch **sich weigert**, eine Handlung auszuführen, die der Staat von ihm fordert. Heute kann das die Weigerung eines Berufssoldaten sein, an einem vermeintlichen Angriffskrieg mitzuwirken,[146] oder die Weigerung einer Studentin, an Tierversuchen teilzunehmen,[147] nicht aber die Weigerung, Steuern zu bezahlen.[148]

Umstritten ist, ob auch *aktives Handeln* unter dem Schutz der Gewissensfreiheit stehen kann. Das dürfte nach sorgfältiger Untersuchung abzulehnen sein, ohne dass eine erhebliche Schutzlücke entsteht.[149] So ist etwa die religiös bedingte Gewährung von Kirchenasyl durch die Glaubensfreiheit geschützt, aber nicht durch die Gewissensfreiheit. Letztere kann aber die *Weigerung* schützen, die Aufgenommenen auszuliefern.

III.   Eingriffe

Die geschilderten Schutzbereiche werden beeinträchtigt, wenn der Staat Glaubensbetätigungen *verbietet*, bestraft oder erheblich erschwert, wenn er selbst missioniert oder Handlungen *gebietet*, die in die negative Glaubensfreiheit oder in die

---

[146] BVerwG, NJW 2006, 77.
[147] BVerwGE 105, 73.
[148] BVerfG, NJW 1993, 455; NVwZ-RR 2007, 505.
[149] *Muckel,* NJW 2000, 689; *Deger,* in: Gedächtnisschrift für Gülzow (1999), 206; a.A. *Epping,* Grundrechte, Rn. 329.

Gewissensfreiheit eingreifen. Auch faktische Beeinträchtigungen sind möglich.

Beispiele: Verbot des Glockenläutens zum Gebet oder des Gebetsrufs des Muezzin; Verbot des religiös bedingten, rituellen Schächtens (Tiere schlachten ohne vorherige Betäubung) gegenüber Juden und Muslimen; Verbot gegenüber einer Lehrerin, im Unterricht das islamische Kopftuch zu tragen; Verbot gegenüber einer Richterin oder Staatsanwältin, bei Verhandlungen das islamische Kopftuch zu tragen; Verbot religiöser Werbung an Kraftfahrzeugen; Einreiseverbot für das Oberhaupt einer religiösen Sekte; Verbot einer Religionsgemeinschaft; Anordnung einer Bluttransfusion gegenüber Zeugen Jehovas; Durchsetzung der staatlichen Schulpflicht gegenüber streng Bibeltreuen; Anordnung von Schwimmunterricht gegenüber (geschlechtsreifen) muslimischen Mädchen gemeinsam mit Jungen; Beendigung eines Kirchenasyls durch Polizeieinsatz; Aufhängen von Kreuzen in staatlichen Schulen, obwohl Andersgläubige oder Atheisten dort auch unterrichtet werden; staatliche Warnung vor religiösen Sekten; Einziehung zum Militärdienst trotz Gewissensnot.[150]

Fraglich ist die Eingriffsqualität, wenn die Ausländerbehörde gegenüber iranischen Frauen anordnet, zur Vorbereitung ihrer Heimreise ein Lichtbild *mit Kopftuch* abzugeben, welches in den Pass geklebt werden soll.[151]

Keine Eingriffe liegen vor, soweit die Betroffenen mit solchen Maßnahmen einverstanden sind, etwa mit dem Kruzifix im Klassenzimmer.

---

[150] Zu den Beispielen: BVerfG, NJW 2002, 663 (Schächten); BVerfG, NJW 2003, 3111; NJW 2015, 1359; NJW 2017, 2333; sowie BVerwG, NJW 2004, 3581, NJW 2009, 1289 (Kopftuch); BVerfG, DVBl 2007, 119 (Einreiseverbot); BVerfG, NJW 2004, 47 (Verbot Kalifatstaat); BVerfG, NJW 1995, 2477; EGMR, NVwZ 2011, 737 (Kruzifix); BVerfG, NVwZ 2017, 227; BVerwG, NVwZ 2014, 81 und VGH Kassel, NVwZ 2013, 160 (Schwimmunterricht); BVerfGE 105, 279 (Warnung vor Sekte).
[151] VGH München, NVwZ 2000, 952.

IV.   Einschränkbarkeit

1.)   Schranken

In Art. 4 Abs. 1 und 2 GG ist keine Schrankenregelung enthalten, nur Abs. 3 S. 2 enthält einen „Regelungsvorbehalt"
durch ein Bundesgesetz. Dieser gilt aber nur für die Kriegsdienstverweigerung. Die Glaubens- und (sonstige) Gewissensfreiheit sind scheinbar schrankenlos.

Eine Art Gesetzesvorbehalt könnte allerdings dem Art. 136 Abs.
1 WRV (lesen!) entnommen werden, der gem. Art. 140 GG
Bestandteil des Grundgesetzes ist. Dann stünde Art. 4 Abs. 1
und 2 unter einem Vorbehalt der allgemeinen Gesetze. Das
BVerwG und namhafte Autoren hatten das schon so
gesehen.[152] Das BVerfG lehnt diese Konstruktion aber in
ständiger Rechtsprechung ab,[153] geht von einem Vorrang des
(vorbehaltlosen) Art. 4 GG vor den Weimarer Kirchenartikeln
und von einer „Überlagerung" des Art. 136 Abs. 1 WRV durch
Art. 4 GG aus. Davon sollte man in der Klausur ausgehen, auch
wenn das die Fallbearbeitung erschwert.

Völlig schrankenlos ist dieses Grundrecht trotzdem nicht. Es
kann nicht ausgelebt werden ohne Rücksicht auf die Grundrechte anderer Menschen oder auf sonstige Werte mit Verfassungsrang. Die Einheit der Verfassung gebietet, dass auch
Grundrechte ohne Gesetzesvorbehalt (wie Art. 4 GG) in einzelnen Beziehungen ausnahmsweise begrenzt werden können
durch kollidierende Grundrechte Dritter oder andere mit Verfassungsrang ausgestattete Rechtswerte,[154] in Kurzfassung
also durch **kollidierendes Verfassungsrecht**.

---

[152] BVerwG, NJW 2001, 1225; *Muckel,* in: Berliner Kommentar zum
GG, Art. 4 Rn. 47 und *Epping,* Grundrechte, Rn. 317 f.
[153] Vgl. nur BVerfG, NJW 2003, 3111.
[154] BVerfGE 28, 243; 52, 223; NJW 2003, 3111; NJW 2009, 3151.

62

Beispiele: Böse Geister oder den Teufel austreiben (Exorzismus) aus einer Person mittels Gewaltanwendung kollidiert mit dem Grundrecht auf körperliche Unversehrtheit; das islamische Kopftuch einer Lehrerin kollidiert mit der negativen Glaubensfreiheit von Schülern. Kirchenasyl zu gewähren oder Tiere zu schächten kollidiert *nicht* mit Grundrechten. Tiere zu schächten kollidiert aber seit dem Jahr 2002 mit Art. 20 a GG, wo dem Tierschutz Verfassungsrang eingeräumt wurde. Kirchenasyl gewähren kann mit Art. 16 a GG oder dem Rechtsstaatsprinzip (Art. 20 Abs. 3 GG) kollidieren, je nach Ausgestaltung.[155] Das islamische Kopftuch der Lehrerin oder Staatsanwältin kann zusätzlich mit Art. 140 GG (religiöse Neutralität des Staates) kollidieren. Das Fernhalten islamischer Mädchen vom Schwimmunterricht kollidiert mit Art. 7 GG, wie auch das rituelle Beten in der weltlichen Schule.[156] Stilles Beten oder liturgisches Glocken läuten kollidiert dagegen meist nicht mit Grundrechten oder Verfassungswerten.

Nur wenn eine solche Kollision festgestellt wird, kann das Grundrecht eingeschränkt werden, gestützt auf ein Gesetz, welches nicht zu unbestimmt sein darf.[157] Das ist dann wie beim Gesetzesvorbehalt. Für die oben genannten Beispiele greifen Polizeigesetz, Strafgesetzbuch, Schulgesetz, Beamtengesetz Tierschutzgesetz und Immissionsschutzgesetz.

Der Sonderfall Kriegsdienstverweigerung aus Gewissensgründen steht ebenfalls nicht unter Gesetzesvorbehalt. Mit der „Regelung" durch Bundesgesetz (Art. 4 Abs. 3 S. 2) ist nur gemeint, dass das Verfahren zur Feststellung der Gewissensentscheidung *ausgestaltet* werden darf.[158] Mit Schranken direkt aus der Verfassung (z.B. Art. 12 a GG) muss man hier sehr zurückhaltend sein.

---

[155] *Deger,* in: Gedächtnisschrift für Gülzow (1999), 209 f.
[156] OVG Berlin-Brandenburg, NVwZ 2010, 1310; *Muckel,* JA 2012, 235; JA 2013, 74; *Hufen,* JuS 2012, 663; vgl. auch VGH München, NVwZ 2014, 1109.
[157] BVerfG, NJW 2003, 3111; NJW 2015, 1359.
[158] *Jarass/Pieroth,* GG, Art. 4 Rn. 60; *Sachs,* GG, Art. 4 Rn. 130.

2.) Schranken-Schranken

Auch wenn Art. 4 GG demnach im Einzelfall durch kollidieren-des Verfassungsrecht beschränkt werden kann, bedeutet das nicht, dass er ganz zurücktreten muss. Vielmehr ist wie immer eine Prüfung der **Verhältnismäßigkeit** durchzuführen in allen drei Stufen. Auf Stufe drei „Angemessenheit" sollte zusätzlich der Gesichtspunkt der sog. **praktischen Konkordanz** der be-troffenen Verfassungswerte berücksichtigt werden:[159] Ein *schonender Ausgleich* zwischen den Grundrechten oder son-stigen Verfassungswerten soll gesucht werden, so dass mög-lichst kein Grundrecht oder Verfassungswert ganz zurücktreten muss. So sind islamische Kopftücher in staatlichen Schulen nicht generell verboten, auch nicht für Lehrerinnen, anders als Gesichtsverschleierungen.[160] Der Schulsport in höheren Klassen sollte möglichst nach Geschlechtern getrennt durchgeführt werden, wenn Muslime dabei sind.[161] Das „Schächten" von Tieren kann ausnahmsweise zugelassen werden,[162] vgl. § 4 a TierSchG, vor allem vor jüdischen oder muslimischen Feiertagen. Muslimische und jüdische Eltern können weiterhin ihre männlichen Kinder beschneiden lassen, wenn das Kindeswohl nicht gefährdet ist (§ 1631 d BGB). Liturgisches Läuten der Kirchenglocken muss man weitgehend hinnehmen, auch wenn es laut ist.[163]

Art. 4 GG muss in solchen Gesetzen, mit denen er gelegentlich eingeschränkt werden kann, *nicht zitiert* werden, weil er eben nicht unter Gesetzesvorbehalt steht, Art. 19 Abs.1 S. 2 GG.

---

[159] Entwickelt von *Hesse,* Grundzüge des Verfassungsrechts, Rn. 317 ff.; übernommen von BVerfGE 41, 29, 51; 93, 1, 21.
[160] BVerfG, NJW 2015, 1359; VGH München, NVwZ 2014, 1109.
[161] BVerwG, DÖV 1994, 383; vgl. auch BVerfG, NVwZ 2017, 227.
[162] BVerwG, DÖV 2007, 522.
[163] VGH München, NVwZ-RR 2005, 315; VGH Mannheim, VBlBW 2012, 389.

64

Zusammenfassung: Glaubens- und Gewissensfreiheit (Art. 4 GG)

Funktion	Abwehrrecht, Schutzpflicht, mittelbare Drittwirkung im Privatrecht
Schutzbereiche	a) **Glaube**, Religion, Weltanschauung haben, bekennen und danach handeln
	b) sich weigern entspr. einer verpflichtenden **Gewissens**entscheidung
	wenn plausibel dargelegt
Schranken	nur **verfassungsimmanent** = kollidierendes Verf.Recht
Schranken-Schranken	Verhältnismäßigkeit, praktische Konkordanz, Wesensgehalt

📖 **Übungsfälle:** *Grote/Kraus*, Fall 5 (Kirchenasyl); *Reffken/Thiele*, Standardfälle Staatsrecht II, Fall 8 (Gesundbeter); *Degenhart,* Klausurenkurs I Fall 14 (Sportunterricht), Klausurenkurs II Fall 12 (Gebetsruf).

8. Kapitel: Meinungs-, Informations- und Medienfreiheit (Art. 5 Abs. 1 und 2 GG)

I. Funktion

Diese Grundrechte sind zentrale Merkmale eines freiheitlichen Staates, sie sind für ein freiheitlich-demokratisches Gemeinwesen „schlechthin konstituierend".[164] Meinungs- und Pressefreiheit scheint heutzutage selbstverständlich zu sein, besteht aber keineswegs auf der ganzen Welt, und muss auch hierzulande immer wieder verteidigt werden. Denn durch freie Äußerungen können sich Staatsorgane, Firmen oder Privatpersonen angegriffen fühlen, manche Äußerung gilt als politisch schädlich. Demzufolge gibt es immer wieder Versuche, diese Freiheiten einzuschränken. Art. 5 GG ist dabei zunächst ein (subjektives) **Abwehrrecht** gegen Maßnahmen des Staates. In seiner *objektiven* Funktion wirkt er aber in die gesamte Rechtsordnung hinein, beeinflusst z.B. die Auslegung des § 185 StGB (Beleidigung) und privatrechtliche Streitigkeiten um Unterlassungs- und Schadensersatzansprüche wegen kritischer Äußerungen. Bei Streitigkeiten über das Anbringen von Parabolantennen an Wohnhäusern lieferte die Informationsfreiheit Schulbeispiele für die (mittelbare) **Drittwirkung** von Grundrechten im Privatrecht.[165]

II. Schutzbereiche

1.) Persönlich

Träger ist jede Person, welche die geschützte Tätigkeit ausübt, also Menschen, auch Minderjährige, aber auch juristische Personen des Privatrechts, weil dieses Grundrecht „seinem Wesen nach" auf diese anwendbar ist, Art. 19 Abs. 3 GG.[166]

---

[164] BVerfGE 35, 202, 221.
[165] Vgl. BVerfG, NJW 1994, 1147, 2143; BGH, NJW 2010, 438, 439.
[166] *Jarass/Pieroth,* GG, Art. 5 Rn. 8; *Sachs,* GG, Art. 5 Rn. 24.

Die Pressefreiheit steht somit nicht nur dem Presseorgan selbst, sondern auch dessen Redakteur zu, unmittelbar aber nur gegen den Staat. Das Verhältnis zwischen Redakteur und Presseorgan (Verlag, Chefredakteur) ist wiederum eine Frage der (mittelbaren) Drittwirkung oder „innerer" Pressefreiheit.[167] Dort wirkt das Grundrecht weniger stark oder gar nicht.[168]

Juristische Personen des *öffentlichen* Rechts genießen keinen Schutz aus Art. 5 GG, mit Ausnahme solcher Einrichtungen, die nicht in den Staatsapparat eingegliedert sind. Das gilt hier vor allem für die öffentlich-rechtlichen Rundfunkanstalten wie die ARD-Anstalten und das ZDF. Diese sollen trotz ihres Status staatsfern sein,[169] und sind deshalb durch Art. 5 GG geschützt, im Gegensatz zur Regierung oder zur Bundeszentrale für politische Bildung.[170]

2.)   Sachlich

a) Die *Meinungsfreiheit* umfasst natürlich das Bilden einer Meinung, aber auch das *Äußern* der Meinung, wobei die Form der Äußerung beliebig ist (außer ganz drastische Gesten). Meinung ist vor allem die Bewertung einer Angelegenheit, die Stellungnahme zu einem beliebigen Thema. Eine solche (subjektive) Bewertung ist nicht richtig oder falsch, allenfalls klug oder dumm. Geschützt ist sie in beiden Fällen. Richtig oder falsch sind dagegen *Tatsachenbehauptungen*. Diese sind vom Schutz des Art. 5 GG nur erfasst, wenn sie die Basis oder die Voraussetzung für die damit verknüpfte Meinungsäußerung sind, und wenn sie nicht bewusst oder erwiesen unwahr sind.[171]

---

[167] *Kingreen/Poscher,* Grundrechte, Rn. 672.
[168] *Ipsen,* Staatsrecht II, Rn. 448: reines Privatrecht.
[169] BVerfGE 31, 314; 59, 231; 119, 181; NVwZ 2014, 867.
[170] BVerfG, NJW 2011, 511.
[171] BVerfGE 85, 1, 15; 90, 241, 247.

Beispiele: *Geschützt* sind Äußerungen über die Regierung, dass sie völlig unfähig oder auch sehr gut sei, die Bezeichnung eines Verhaltens als „Skandal", die Bezeichnung einer polizeilichen Geschwindigkeitsmessung als „Wegelagerei", die Bezeichnung der Schwangerschaftsabbrüche durch einen Arzt als „Mord an unseren Kindern", aber auch das Rufen der Parole „Ruhm und Ehre der Waffen-SS".[172]

Geschützt sind auch Tatsachenbehauptungen in Verbindung mit solchen Werturteilen, etwa so: Die Regierung ist deshalb völlig unfähig, weil sie überwiegend aus Männern besteht, oder weil der Intelligenzquotient der Minister unter dem Durchschnitt der Bevölkerung liegt. Dass letzteres zutrifft, ist zwar unwahrscheinlich, aber noch nicht untersucht.

Nicht geschützt sind demgegenüber erwiesen oder bewusst unwahre Tatsachenbehauptungen, vor allem die Behauptung, in Konzentrationslagern während des zweiten Weltkriegs seien keine oder nur wenige Juden getötet worden, oder es habe dort keine Gaskammern gegeben (sog. Auschwitz-Lüge).[173]

Nicht geschützt sind auch Behauptungen statistischer Art, die mit einem Werturteil nicht verknüpft sind. Nicht geschützt sind schließlich Äußerungsformen, die über den „geistigen Kampf der Meinungen" hinausgehen und sich wirtschaftlichen Drucks oder Gewalt bedienen.[174]

b) Die *Informationsfreiheit* ist das Recht, „sich aus allgemein zugänglichen Quellen ungehindert zu unterrichten", auch das ist enthalten in Art. 5 Abs. 1 S.1 GG. Allgemein zugänglich ist eine Quelle, wenn sie technisch geeignet und bestimmt ist, einem unbestimmten Personenkreis Informationen zu verschaffen.[175]

---

[172] Beispiele gem. OLG Düsseldorf, NJW 2003, 3721; OLG Karlsruhe, NJW 2003, 2029; BVerfG, NJW 2006, 3050.
[173] BVerfGE 90, 241; NJW 2018, 2858.
[174] BVerfGE 7, 198; 25, 256; OLG Köln, NVwZ 2000, 351; *Epping,* Grundrechte, Rn. 220 ff.
[175] BVerfGE 33, 52; 103, 44.

68

Ob sie dazu bestimmt ist, entscheidet die Quelle selbst oder
deren Besitzer, nicht der Wissensdurstige.

Beispiele: Zeitungen und Rundfunksendungen sind solche Quellen,
auch ausländische, ebenso ein Redner, der sich an die Öffentlichkeit
wendet. Ob Gerichtsverhandlungen solche Quellen sind, entscheiden
der Gesetzgeber (in § 169 GVG) und der Vorsitzende des Gerichts.[176]
Keine solche Quelle ist der Polizeifunk, auch nicht als er noch in
analoger Technik gesendet wurde.[177]

c) *Medienfreiheit* kann in Kurzfassung genannt werden, was das
GG „Pressefreiheit und die Freiheit der Berichterstattung durch
Rundfunk und Film" nennt. Damit sind wir auf der anderen Seite
der Informationsfreiheit. Geschützt ist bereits die Informationsbeschaffung,[178] dann die Vertraulichkeit der Redaktionsarbeit,
schließlich die Verbreitung der Nachrichten und Meinungen,
sogar der Anzeigenteil einer Zeitung oder die Rundfunk-
werbung.[179] Der Begriff *Presse* erfasst alle Druckerzeugnisse,
die sich an die Allgemeinheit richten, *Rundfunk* wird durch
physikalische Wellen oder elektronische Signale übertragen und
richtet sich ebenfalls an die Allgemeinheit. Beide Dienste
können auch im Internet oder durch sonstige neue Medien
stattfinden.[180] Entsprechendes gilt für Film und Fernsehen.

III.   Eingriffe

Eingriffe in Art. 5 Abs. 1 GG liegen dann vor, wenn eine geschützte Meinungsäußerung verhindert, behindert, verboten
oder bestraft wird, wenn die freie Informationsbeschaffung verhindert oder behindert wird, wenn die Telekommunikation von
Journalisten überwacht wird, wenn Redaktionsräume durch-

---

[176] BVerfG, NJW 2001, 1633.
[177] BayObLG, DÖV 1999, 520.
[178] BVerwG, NVwZ 2013, 1006: Behörde muss ggf. Auskunft geben.
[179] BVerfGE 64, 108; 74, 297; 77, 65, 74; 100, 313; NJW 2001, 591.
[180] *Epping,* Grundrechte, Rn. 230; *Sachs,* GG, Art. 5 Rn. 88.

sucht werden, wenn dort Unterlagen beschlagnahmt werden, wenn Beiträge der Redaktion zensiert oder sanktioniert werden, wenn die Zeitung zu einer Gegendarstellung verpflichtet wird, und wenn im offiziellen Verfassungsschutzbericht vor einer politisch radikalen Zeitung gewarnt wird.[181] Eingriff ist auch, wenn der Staat (die Bundesländer) durch Festsetzung der Rundfunkgebühr medienpolitischen Einfluss auf die Programmgestaltung der öffentlich-rechtlichen Anstalten nehmen will.[182] Wenn solche Maßnahmen nicht vom Staat ausgehen, sondern von Privatleuten oder Firmen, ist die sog. **Drittwirkung** des Grundrechts im Privatrecht zu prüfen.

IV. Einschränkbarkeit

1.) Schranken

Art. 5 Abs. 2 GG nennt drei Schranken, nämlich allgemeine Gesetze, Gesetze zum Jugendschutz und Ehrenschutz. Diese können auch nebeneinander greifen. Am Wichtigsten ist hier der Begriff „allgemeine Gesetze", er ist nicht gleichbedeutend mit dem ganz ähnlichen Begriff in Art. 19 Abs. 1 S. 1 GG. Vielmehr werden zusätzliche Anforderungen an solche Gesetze gestellt, so dass im Ergebnis ein **qualifizierter Gesetzesvorbehalt** vorliegt.

Laut BVerfG sind „allgemeine Gesetze" solche, die sich nicht gegen das Grundrecht an sich oder gegen die Äußerung einer bestimmten Meinung richten, sondern dem Schutz eines schlechthin, ohne Rücksicht auf eine bestimmte Meinung, zu schützenden Rechtsguts dienen.[183]

---

[181] Vgl. nur BVerfG, NJW 2003, 1787; NJW 2005, 2912; NJW 2007, 1117; NJW 2011, 1859; NJW 2015, 3430.
[182] BVerfGE 119, 181; vgl. auch BVerfG, NVwZ 2014, 867.
[183] Ständige Rechtspr., vgl. nur NJW 2005, 2912; NJW 2007, 1117.

70

Diese Auslegung ist herrschend, wenn auch nicht zwingend, sie ist eine Kombination der früheren sog. Abwägungs- und Sonderrechtslehren.[184]

Gesetzliche Bestimmungen zum Schutze der Jugend finden sich vor allem im JSchG, der Ehrenschutz in §§ 185 ff. StGB sowie §§ 823, 1004 BGB. Direkt aus der Verfassung kommt noch die Schranke Art. 17 a GG gegenüber Wehr- und Ersatzdienstleistenden; diese kann auch wieder durch Gesetz aufgegriffen werden. Die meisten Gesetze, auf die sich Eingriffe stützen, sind aber „allgemeine Gesetze".

Beispiele: Die Beamtengesetze verlangen von den Beamten bei politischer Betätigung Mäßigung und Zurückhaltung, das ist ein Eingriff in die Meinungsfreiheit. Dieser richtet sich aber nicht gegen eine bestimmte (etwa sozialistische) Meinung, sondern schützt das öffentliche Vertrauen in die Unparteilichkeit der Amtsführung. § 33 Abs. 1 Nr. 1 StVO verbietet den Betrieb von Lautsprechern (auch zur Meinungskundgabe), wenn dadurch der Straßenverkehr gefährdet wird. §§ 102, 103 StPO (Durchsuchung) richten sich nicht speziell gegen die Presse oder eine bestimmte Presse-Meinung, dienen vielmehr dem staatlichen Auftrag der Strafverfolgung. Auch § 185 StGB (Beleidigung) richtet sich nicht gegen eine bestimmte Meinung, ist gleichzeitig allgemeines Gesetz und Gesetz zum Ehrenschutz.

Problematisch sind allerdings die Absätze 3 und 4 des § 130 StGB (**Volksverhetzung**). Dort wird mit Strafe bedroht, wer den Völkermord an den Juden oder die nationalsozialistische Gewalt- und Willkürherrschaft leugnet, billigt, verherrlicht usw. Das richtet sich also teilweise gegen eine bestimmte Meinung. Wegen des unvergleichlichen Unrechts und Schreckens der Nazi-Herrschaft ist dem als Gegenentwurf dazu angelegten GG eine (absolute) Ausnahme vom Verbot des meinungsbezogenen Gesetzes aber „immanent".[185] Außerdem geht es in § 130 StGB um die Art und Weise, nicht nur um den Inhalt der Meinungskundgabe.

---

[184] *Kingreen/Poscher,* Grundrechte, Rn. 690 ff.; *Epping,* Rn. 244.
[185] BVerfG, NJW 2010, 47; NJW 2018, 2858, 2861; kritisch dazu u.a. *Enders,* JZ 2008, 1092; *Volkmann,* NJW 2010, 417.

2.)   Schranken-Schranken

So gefundene Schranken dürfen nicht so ausgelegt und angewandt werden, dass von Art. 5 GG fast nichts mehr übrig bleibt.
Das gilt bei allen Grundrechten außer Art. 1 GG. Bei Art. 5 GG
hat das BVerfG aber vertiefend die sog. **Wechselwirkungs-
lehre** entwickelt, die hier ergänzend erwähnt werden sollte,
auch in der Klausur.

„Die allgemeinen Gesetze müssen *im Lichte der Bedeutung dieses
Grundrechts* gesehen werden ... Die gegenseitige Beziehung zwischen
Grundrecht und allgemeinem Gesetz ist also nicht als einseitige Beschränkung der Geltungskraft des Grundrechts ... aufzufassen; es
findet vielmehr eine Wechselwirkung in dem Sinne statt, dass die allgemeinen Gesetze zwar dem Wortlaut nach dem Grundrecht Schranken
setzen, ihrerseits aber aus der Erkenntnis der wertsetzenden Bedeutung dieses Grundrechts im freiheitlich demokratischen Staat ausgelegt
und so in ihrer das Grundrecht begrenzenden Wirkung selbst wieder
eingeschränkt werden müssen."[186]

Auswendig lernen muss man das nicht, es handelt sich eigentlich um den Grundsatz der **Verhältnismäßigkeit**, der immer zu
prüfen ist. Praktische Auswirkungen hat eher ein weiterer
Grundsatz, den das BVerfG anwendet, wenn es um Beiträge
zum geistigen Meinungskampf in einer die Öffentlichkeit wesentlich berührenden Frage geht. Dann spricht die Vermutung
für die **Zulässigkeit der freien Rede**, dann sind auch scharfe
und übersteigerte Äußerungen geschützt.[187] Das ist auf der
Ebene der Angemessenheit zu prüfen, meist bei der Abwägung
von Meinungsfreiheit gegen Ehrenschutz. Mit der Menschenwürde findet aber keine Abwägung statt, etwa bei der
Anwendung des § 130 Abs. 1 StGB.[188]

---

[186] BVerfGE 7, 198, 208 f.; NJW 2016, 2643.
[187] BVerfGE 7, 198, 212; 54, 129, 138; 85, 1, 16; NJW 2003, 3760.
[188] BVerfG, NJW 2009, 3503.

Beispiele: Während eines politisch sehr umstrittenen Krieges kann die mehrdeutige Äußerung „Soldaten sind Mörder" straflos sein.[189] Wenn die Abschiebung von Ausländern heftig diskutiert wird, kann sogar die rechtmäßige Durchführung mit Gestapo-Methoden gleichgesetzt werden.[190] Wenn über die Zulässigkeit von Abtreibungen gestritten wird, kann in Bezug auf bestimmte Ärzte von „Mord an unseren Kindern" gesprochen werden, allerdings nicht direkt vor deren Praxis, und als rechtswidrig darf deren Verhalten nur bezeichnet werden, wenn dies zutrifft (Tatsachenbehauptung).[191] Diese Rechtsprechung ist sehr umstritten.

Kaum umstritten ist die strenge Prüfung der Verhältnismäßigkeit, wenn es um Eingriffe in die Presse- und Rundfunkfreiheit geht. Der Verdacht nur geringfügiger Straftaten oder der bloßen Beihilfe eines Redakteurs zum Verrat von Dienstgeheimnissen (durch einen Beamten) rechtfertigt meist nicht die Durchsuchung sämtlicher Redaktionsräume nach Beweismitteln.[192]

Absolute Schranke für alle Schranken ist schließlich das **Zensurverbot**, Art. 5 Abs. 1 S. 3 GG. Zensur darf es im freiheitlichen Staat überhaupt nicht geben. Gemeint ist damit eine *Vorzensur,* also ein obligatorisches Kontrollverfahren des Staates vor der Befugnis zur Veröffentlichung oder Verbreitung eines Medienprodukts oder einer Meinung. Nicht damit gemeint sind bloße Verbreitungs*beschränkungen* zu Zwecken des Jugendschutzes,[193] sowie evtl. zivilrechtliche oder strafrechtliche Sanktionen *nach* der Veröffentlichung.

Art. 5 GG ist *nicht zitierpflichtig* in Gesetzen, mit denen er gelegentlich eingeschränkt werden kann, weil solche Gesetze sich ja gerade nicht gezielt gegen Art. 5 richten dürfen, und weil sich die Formulierungen in Art. 5 Abs. 2 und Art. 19 Abs. 1 GG nicht entsprechen.

---

[189] BVerfG, NJW 1994, 2943; NJW 1995, 3303.
[190] BVerfG, NJW 1992, 2815.
[191] OLG Karlsruhe, NJW 2003, 2029; BGH, NJW 2005, 592.
[192] BVerfG, NJW 2007, 1117; NJW 2011, 1859; NJW 2015, 3430.
[193] BVerfGE 87, 209, 230 f.

Zusammenfassung: Meinungs-, Informations-, Medienfreiheit (Art. 5 Abs.1,2 GG)

Funktion	Abwehrrecht, Schutzpflicht, mittelbare Drittwirkung im Privatrecht
Schutzbereiche	a) Meinungen (Bewertungen) frei äußern b) sich informieren aus allg. zugängl. Quellen c) Medienfreiheit von Informationsbeschaffung bis Verbreitung
drei Schranken	vor allem „allgemeine Gesetze" = kein Sonderrecht gegen Art. 5 GG usw.
Schranken-Schranken	Verhältnismäßigkeit Wechselwirkung Zensurverbot

📖 **Übungsfälle:** *Grote/Kraus*, Fall 7 (Auschwitzlüge); *Reffken/Thiele*, Standardfälle Staatsrecht II, Fall 5 (Gegendarstellung); *Schoch*, Übungen, Fall 4 (Anti-AKW-Plakette); *Degenhart,* Klausurenkurs I, Fall 16 (Informationsfreiheit), Klausurenkurs II, Fall 14 (Pressedurchsuchung).

9. Kapitel: Kunst- und Wissenschaftsfreiheit
(Art. 5 Abs. 3 GG)

I.   Funktion

Art. 5 Abs. 3 GG knüpft an Art. 142 WRV an, der ähnlich formuliert ist, aber die Schutzpflicht des Staates hervorhebt. Das GG betont demgegenüber die Bindung der Lehrfreiheit an die Verfassung. Trotzdem ist Art. 5 Abs. 3 GG ein sehr weit gespanntes Freiheitsrecht, dessen Hauptfunktion Abwehr staatlicher Eingriffe ist. Daneben hat es eine objektive Funktion als wertentscheidende Grundsatznorm.[194]. International gesehen ist ein solches Grundrecht (leider) keine Selbstverständlichkeit, auch in der EMRK ist es nicht ausdrücklich erwähnt.

II.   Schutzbereiche

1.)   Persönlich

Geschützt sind zunächst die Menschen, die Kunst oder Wissenschaft ausüben. Eine staatlich anerkannte Ausbildung oder Prüfung ist nicht erforderlich, kann aber ein Indiz jedenfalls für Wissenschaft sein. Geschützt sind außerdem die Verleger eines Kunstwerks und die Hochschulen, soweit sie Kunst, Wissenschaft und Lehre veranlassen, also auch juristische Personen gem. Art. 19 Abs. 3 GG.[195] Auf die genaue Rechtsform kommt es nicht an.

2.)   Sachlich

a) **Kunst** ist schwer zu definieren. Auch in der Bevölkerung gehen die Vorstellungen weit auseinander, was darunter zu ver-

---

[194] BVerfGE 30, 173, 188.
[195] *Jarass/Pieroth*, GG, Art. 5 Rn. 108, 124 f.; *Sachs,* GG, Art. 5 Rn. 191.

stehen ist. Rechtlich darf man jedenfalls nicht verlangen, dass eine Ausbildung, ein überdurchschnittliches (handwerkliches) Geschick oder Talent vorhanden ist, oder dass eine der herkömmlichen Ausdrucksformen wie Malerei, Dichtung oder Gesang eingesetzt wird. Der Begriff ist weit auszulegen. Nach dem BVerfG ist Kunst das „geformte Ergebnis einer **freien schöpferischen Gestaltung,** in der Eindrücke, Erfahrungen, Erlebnisse des Künstlers durch das Medium einer bestimmten Formensprache zu unmittelbarer Anschauung gebracht werden".[196]

Auch ungewöhnliche Ausdrucksformen können also geschützt sein wie etwa Theaterspielen während einer Demonstration. Auch das Sprühen von Figuren mit Farbe (Graffiti) kann geschützt sein, wenn dabei nicht eigenmächtig fremdes Eigentum in Anspruch genommen wird.[197] Das bloße Gefühl, ein Künstler zu sein, genügt allerdings nicht, auch nicht das zur-Schau-Stellen seines nackten Körpers in der Öffentlichkeit.[198] Es muss etwas schöpferisch gestaltet werden. Wenn dann aber wirklich Kunst vorliegt, ist sowohl die Herstellung als auch die Verbreitung des Kunstwerks geschützt.

b) **Wissenschaft** ist besser fassbar. Es geht um die Gewinnung von Erkenntnissen mit qualifizierten Methoden. Hier darf also ein gewisses Niveau verlangt werden, allerdings kein bestimmter akademischer Titel. Wissenschaft ist demnach der ernsthafte Versuch der **Ermittlung wahrer Erkenntnisse** durch methodisch geordnetes und kritisch reflektierendes Denken.[199]
Die Methodik muss nachvollziehbar sein, nicht aber völlig fehlerfrei. *Forschung und Lehre* sind Unterfälle dieser Wissenschaftsfreiheit, sie finden vor allem an Hochschulen statt, aber auch in privaten – meist naturwissenschaftlichen – Forschungs-

---

[196] BVerfGE 30, 173, 189; 75, 369; 119, 1.
[197] BVerfG, NJW 1984, 1293; BVerwG, NJW 1995, 2648
[198] OVG Münster, DÖV 1996, 1052.
[199] *Scholz,* in Maunz/Dürig, GG, Art. 5 Abs. 3 Rn. 91; *Kingreen/Poscher,* Rn. 730; ähnlich BVerfGE 35, 79, 112.

einrichtungen. Die Lehre ist schon im Schutzbereich an die Treue zur Verfassung gebunden, was aber Kritik an der Verfassung nicht ausschließt. Bei der Forschung sollte man (wie oben bei der Kunstfreiheit) den eigenmächtigen Zugriff auf fremdes Eigentum oder Leben vom Schutz ausnehmen.[200]

III. Eingriffe

In die Kunstfreiheit wird eingegriffen, wenn die Herstellung oder Verbreitung eines Kunstwerks verboten oder wesentlich behindert wird, wenn dem Künstler Vorgaben für die Gestaltung gemacht werden, wenn der Künstler oder Verleger für die Verbreitung bestraft oder zum Schadensersatz verurteilt wird. *Kein* Eingriff ist die Verweigerung oder Kürzung von Fördermitteln, weil Art. 5 Abs. 3 GG keine Leistungsansprüche verschafft.[201]

Dementsprechend ist die Wissenschaftsfreiheit betroffen, wenn Verbote, Behinderungen, inhaltliche Vorgaben oder Sanktionen erfolgen, nicht aber, wenn der Staat bestimmte Forschungsprojekte fördert oder auch nicht fördert. *Keine* Eingriffe sind auch die Evaluation von Forschung und Lehre,[202] sachliche Kritik an wissenschaftlichen Leistungen, die Einrichtung bestimmter Studiengänge oder die Auflösung einer Hochschule.[203] Eingriffe in die Wissenschaftsfreiheit sind bisher selten.

IV. Einschränkbarkeit

1.) Schranken

Außer der Bindung der Lehre an die Verfassung enthält Art. 5 Abs. 3 GG keine formulierte Schranke, Art. 5 Abs. 2 GG gilt hier

---

[200] Vgl. *Epping*, Grundrechte, Rn. 288.
[201] *v.Münch/Kunig*, GG, Art. 5 Rn. 94.
[202] zu hochschulinterner „ad-hoc-Kommission" BVerwGE 102, 304.
[203] A.A. *Kingreen/Poscher*, Grundrechte, Rn. 738.

nicht. Ganz ohne Rücksicht auf andere Verfassungswerte darf aber auch dieses Grundrecht nicht ausgeübt werden. Wie Art. 4 GG (siehe 7. Kapitel IV.) kann auch dieses Grundrecht in einzelnen Beziehungen begrenzt werden durch kollidierendes Verfassungsrecht = **verfassungsimmanente** Schranken.

Beispiele: Die Veröffentlichung eines „Enthüllungsromans" kann das Persönlichkeitsrecht und die Ehre oder gar die Würde eines anderen Menschen beeinträchtigen;[204] die Verbreitung eines pornografischen oder Gewalt verherrlichenden Romans kann den Schutz der Jugend (Art. 5 Abs.2 GG) gefährden;[205] ebenso das verrohend wirkende Album eines Rappers.[206] Liedtexte können zur Verletzung von Eigentum oder körperlicher Unversehrtheit aufrufen; die Ausübung von Kunst auf der Straße kann die körperliche Bewegungsfreiheit Anderer beinträchtigen. Nicht ausreichend ist hier die Feststellung, dass die Ausübung von Kunst gegen (einfache) Gesetze verstößt, es müssen *Verfassungswerte* dahinter stehen. Wenn man das Graffiti-Sprühen auf fremde Hauswände nicht schon im Schutzbereich ausgeschieden hat (s.o.), ist hier Art. 14 GG entgegenzustellen. Wissenschaftliche Experimente können mit dem Tierschutz (Art. 20 a GG) kollidieren, medizinische Forschung mit der körperlichen Unversehrtheit von Menschen.

Rechtsgrundlage für den Eingriff ist dann aber jeweils ein (einfaches) Gesetz, z.B. das StGB, PolG oder das BGB bei der zivilrechtlichen Klage gegen einen „Enthüllungsroman".[207]

2.)   Schranken-Schranken

Wie bei Art. 4 GG sind hier schließlich die Grundsätze der *Verhältnismäßigkeit* und der „praktischen Konkordanz" zu berücksichtigen, Art. 5 Abs. 3 GG muss nur selten ganz zurücktreten, etwa wenn Würde oder Leben von Menschen bedroht sind. Im Übrigen ist ein angemessener Ausgleich zwischen den kollidierenden Verfassungswerten zu finden, z.B. bei Forschungen

---

[204] BVerfGE 30, 173 („Mephisto"); 119, 1 („Esra").
[205] BVerwGE 91, 211 („Josephine Mutzenbacher").
[206] VG Köln, Urt. v. 02.09.2016 – 19 K 3287/15 („Bushido").
[207] BGHZ 50, 133 („Mephisto").

78

mit Tierversuchen, auf welche die Wissenschaft nicht ganz verzichten kann, die aber begrenzt werden können.

Art. 5 Abs. 3 GG ist nicht zitierpflichtig (vgl. S. 63, 72).

Zusammenfassung: Kunst- und Wissenschaftsfreiheit (Art. 5 Abs. 3 GG)

Funktion	Abwehrrecht, Schutzpflicht
Schutzbereiche	a) Kunst: freie schöpferische Gestaltung b) Wissenschaft: Ermittlung wahrer Erkenntnisse
Eingriffe	z.B. Verbote, Behinderungen, inhaltliche Vorgaben, Sanktionen
Schranke	nur **verfassungsimmanent** = kollidierendes Verf.Recht
Schranken-Schranken	Verhältnismäßigkeit praktische Konkordanz Wesensgehalt

📖 **Übungsfälle:**　*Reffken/Thiele*, Fall 2 (Sprayer);
Schoch, Übungen, Fall 4 (Straßentheater);
Grote/Kraus, Fall 6 (Tierversuch);
Handschell, JURA 2011, 461 (Killerspiele, Kunstfreiheit);
Rüchardt, JA 2017, 514 (Satire über Staatspräsidenten).

10. Kapitel: Versammlungs- und Vereinigungsfreiheit (Art. 8, 9 GG)

I. Funktion

Für eine freiheitliche Demokratie ist elementar, dass Bürger zusammenkommen können, um öffentliche Angelegenheiten zu diskutieren oder um ihre Meinung gemeinsam kundzutun (Demonstration), auch wenn diese sich gegen die Regierung richtet. Die Versammlungsfreiheit ist im Kern ein politisches Grundrecht, das die Meinungsfreiheit um ein kollektives Element verstärkt. In Diktaturen wird es nicht gewährt, dort gibt es Demonstrationen nur *für* die Regierung.

Die Versammlungsfreiheit ist ein klassisches **Abwehrrecht** gegen staatliche Eingriffe. Der Staat organisiert nicht selbst die Versammlung, er muss diese aber *schützen* vor Beeinträchtigungen und Angriffen von Gegnern, meist politisch Andersdenkenden. Eine sog. Drittwirkung im Privatrecht gibt es hier kaum, man muss also sein privates Grundstück oder Haus nicht für fremde Versammlungen zur Verfügung stellen.

Den einzigen Fall einer *unmittelbaren Drittwirkung* eines Grundrechts enthält Art. 9 Abs. 3 S. 2 GG bzgl. der sog. Koalitionsfreiheit von Arbeitgebern und Arbeitnehmern.[208] Dagegen gerichtete (privatrechtliche) Abreden und Maßnahmen sind nichtig. Diese Koalitionsfreiheit enthält außerdem eine *Institutsgarantie* für das Tarifvertragssystem.[209] Ansonsten ist aber auch Art. 9 GG vor allem ein Abwehrrecht gegen den Staat, die Bürger bilden sich ihre Vereinigungen selbst und brauchen dafür i.d.R. weder Erlaubnis noch Hilfe vom Staat.

---

[208] BVerfGE 57, 220, 245; *Epping,* Grundrechte, Rn. 915; a.A. *Ipsen,* Staatsrecht II, Rn. 707.
[209] Vgl. BVerfGE 4, 96, 106; 34, 307, 316; 44, 322, 340.

80

II. Schutzbereiche

1.) Persönlich

Geschützt sind Deutsche, es handelt sich also um *Bürgerrechte.*
Ausnahme ist auch hier die Koalitionsfreiheit (Art. 9 Abs. 3 GG),
die für „jedermann" gilt. Ansonsten sind Ausländer bzgl. Ver-
sammlungs- und Vereinigungsfreiheit grundrechtlich schwächer
geschützt, sie müssen sich auf das Auffanggrundrecht Art. 2
Abs.1 GG berufen. Allerdings gilt auch für Ausländer der Schutz
aus Art. 11 EMRK, und das einfache deutsche Recht (Ver-
sammlungs- und Vereinsgesetze, BGB) erfasst sie i.d.R. ebenfalls. EU-Bürger sind durch Art. 18 AEUV im Ergebnis wie
Deutsche geschützt, vgl. 3. Kap. II 1.

Auch *juristische* Personen des Privatrechts sind Träger dieser
Grundrechte, Art. 19 Abs. 3 GG, wobei es auf eine bestimmte
Rechtsform nicht ankommt. Das gilt z.B. für einen Umwelt-
schutz-Verein als Veranstalter einer Versammlung oder als
Vereinigung hinsichtlich seiner sonstigen Betätigungen. Die Versammlung selbst ist allerdings nicht Grundrechtsträger, sondern
deren Veranstalter und Teilnehmer. Das können auch Minderjährige sein.[210]

2.) Sachlich

a) Die Formulierung des **Art. 8 GG** ist sehr knapp gehalten und
auslegungsbedürftig, vor allem, was „sich versammeln" bedeutet. Die Mindestzahl von Teilnehmern bereitet kaum Probleme,
sie wird inzwischen mit (nur) zwei angegeben.[211] Praktisch
unbestritten ist auch, dass ein gemeinsamer Zweck die Teilnehmer verbinden muss, um die Versammlung von der bloßen
Ansammlung zu unterscheiden.

---

[210] *Ipsen,* Staatsrecht II, Rn. 559, 581.
[211] VGH Mannheim, VBlBW 2008, 60; VGH Kassel, DVBl. 2012, 1117.

In der Literatur immer noch umstritten ist, *welcher Zweck* die Teilnehmer verbinden muss, die Vorschläge reichen von Persönlichkeitsentfaltung in Gruppenform (sehr weit) bis zur Erörterung politischer Angelegenheiten (sehr eng).[212] Für einen weiten Zweck spricht der Wortlaut, für einen engen Zweck die Geschichte und Funktion dieses Grundrechts. Das BVerfG hat sich vor einigen Jahren auf einen relativ engen Zweck festgelegt: Versammlung ist danach die

„örtliche Zusammenkunft mehrerer Personen zur gemeinschaftlichen, auf die Teilhabe an der **öffentlichen Meinungsbildung** gerichteten Er-örterung oder Kundgebung."[213]

Damit sind rein gesellige, künstlerische, sportliche und kommer-zielle Zusammenkünfte nicht durch Art. 8 GG geschützt. Wenn mehrere Zwecke vorliegen, muss der Schwerpunkt festgestellt werden. *Politisch* muss der Schwerpunkt nicht sein. Im Zweifel sollte man von einer Versammlung ausgehen.

Beispiele: *Keine* Versammlungen sind demnach i.d.R. wissen-schaftliche Kongresse, Konzerte, Straßenfeste der Anwohner, Siegesfeiern der Fußballfans, sog. Chaos-Tage der Punks, Techno-Paraden wie die Love-Parade in Berlin oder in Essen.[214] Versammlung ist aber die *gegen* die Love-Parade gerichtete „Fuck-Parade", weil diese von einem Kundgabewillen in einer öffentlichen Angelegenheit geprägt ist.[215] Auch ein Konzert kann von einem solchen Willen geprägt, sogar politisch ausgerichtet sein. Dann ist es auch eine Versammlung.[216] Stets als Versammlung anzusehen sind Demon-strationen, Mahnwachen und Parteitage (auch *nichtöffentliche* Partei-tage).

---

[212] Vgl. nur *Kingreen/Poscher,* Grundrechte, Rn. 808 ff.; *Hoffmann-Riem,* NVwZ 2002, 257.
[213] BVerfGE 104, 92; NJW 2001, 2459 (Love-Parade); NVwZ 2005, 80.
[214] BVerfG, NJW 2001, 2459; *Deger,* NJW 1997, 923.
[215] BVerwG, NVwZ 2007, 1431.
[216] VGH Mannheim, DVBl 2010, 1254.

In der *Gestaltung* der Versammlung ist der Veranstalter frei, also ob und wann Reden gehalten werden, welche Kundgabemittel eingesetzt werden. Auch Zeit und Ort der Versammlung bestimmt grundsätzlich der Veranstalter. Sowohl Versammlungen im Freien wie auch in geschlossenen Räumen sind geschützt. Allerdings gewährt Art. 8 GG nicht den Zugriff auf jeden beliebigen Ort, sondern setzt die rechtliche Verfügungsbefugnis über den Versammlungsort voraus.[217] Diese Verfügungsbefugnis besteht vor allem an eigenen oder gemieteten Räumen, sowie an öffentlichen Straßen, Plätzen und sonstigen Räumen, die dem öffentlichen Verkehr (auch für Fußgänger) und weiteren Zwecken (Gemeingebrauch) gewidmet sind.

Nicht zur Verfügung stehen Autobahnen für Fußgänger und Fahrradfahrer,[218] Startbahnen der Flugzeuge, Schienenwege der Eisenbahn,[219] Rathäuser und fremde Privatgrundstücke und Gebäude ohne Erlaubnis des Besitzers. Wo aber ein allgemeiner öffentlicher Verkehr für vielfältige Zwecke eröffnet ist (sog. „öffentliches Forum"), dürfen jetzt auch Versammlungen durchgeführt werden, auf Privatgelände allerdings mit Einschränkungen.[220]

Nicht geschützt sind schon nach dem Wortlaut des Art. 8 GG **unfriedliche und bewaffnete** Teilnehmer und Versammlungen. Das sind solche, die *gewalttätig* sind oder die Waffen gem. § 2 Abs. 3 VersammlG mit sich führen. Wenn nur einzelne Teilnehmer sich so verhalten, bleibt die übrige Versammlung geschützt.[221] Passive Sitzblockaden auf öffentlichen Straßen sind nicht gewalttätig, somit im Schutzbereich Art. 8 GG, auch dann, wenn sie strafrechtlich eine Nötigung darstellen.

---

[217] BVerwG, NJW 1993, 609; dazu *Burgi,* DÖV 1993, 633.
[218] OVG Lüneburg, NZV 1995, 332; a.A. VGH Kassel, NJW 2009, 312.
[219] OVG Lüneburg, NVwZ-RR 2004, 575; OLG Schleswig, NVwZ-RR 2011, 523.
[220] BVerfG, NJW 2011, 1201 (Flughafenterminal Frankfurt); BVerfG, NJW 2015, 2485 (Platz vor Einkaufs- und Gaststättenzentrum); vgl. auch *Horst/Kommer,* JA 2013, 445.
[221] BVerfGE 69, 315; 73, 206; 87, 399; 92, 1.

Wenn die Versammlung selbst demnach unter Art. 8 GG fällt, wird schon die *Anreise* der Teilnehmer von Schutzwirkungen erfasst,[222] auch die Abreise nach der Versammlung. Der äußere, körperliche Vorgang des *Zusammenkommens* ist der wesentliche Unterschied zu Art. 5 Abs. 1 GG (Meinungsfreiheit), welcher mehr auf den Inhalt der Meinung gerichtet ist.[223] Beide Grundrechte können aber gleichzeitig greifen.

b) Auch **Art. 9 Abs. 1 GG** ist im Schutzbereich knapp formuliert, verursacht aber weniger Schwierigkeiten und Streit bei der Auslegung. Der *Zweck* der Zusammenkunft ist hier denkbar weit, erfasst z.B. Sport, Kultur, Geselligkeit, Wohltätigkeit, Gewerbe und Politik.[224] Mehr Anforderungen als bei Art. 8 GG werden aber gestellt bzgl. Dauer der Vereinigung, des Organisationsgrades und evtl. der Mitgliederzahl.[225] Daraus ergibt sich nach h.M. ein

- **freiwilliger Zusammenschluss**
- mehrerer (natürlicher oder juristischer) Personen
- für längere Zeit
- zu einem gemeinsamen Zweck
- mit einem Mindestmaß an Organisation.[226]

Beispiele: Sportverein, Musikverein, Bürgerinitiative, Handwerkerinnung, Anwaltsverein. *Nicht* die Handwerkskammer und die Anwaltskammer, weil diese öffentlich-rechtliche Zwangskörperschaften sind.[227] Politische Parteien könnten zwar begrifflich unter Art. 9 fallen, sind aber speziell von Art. 21 GG erfasst.

---

[222] *Deger,* Die Polizei 2016, 163.
[223] BVerfG, NJW 2004, 2814.
[224] *Kingreen/Poscher,* Grundrechte, Rn. 843.
[225] umstritten, vgl. nur *Sachs,* GG, Art. 9 Rn.10.
[226] *Kingreen/Poscher,* Grundrechte, Rn. 844; *Ipsen,* Staatsrecht II, Rn. 585.
[227] BVerfG, NVwZ 2002, 335; NVwZ 2017, 1282 (betr. IHK).

Das Mindestmaß an Organisation wird i.d.R. erreicht mit der Bildung eines Vorstandes und Regeln für die Willensbildung z.B. auf einer Mitgliederversammlung. Schriftliche Satzungen oder Geschäftsordnungen sind aber nicht erforderlich. Geschützt ist das *Bilden* solcher Vereinigungen, der Beitritt dazu oder der Austritt, nach h.M. auch die Betätigung der Vereinigung selbst, jedenfalls in einem „Kernbereich" der Vereinstätigkeit.[228]

c) Die Koalitionsfreiheit **Art. 9 Abs.3 GG** ist ein Unterfall der Vereinigungsfreiheit, und erfasst solche freiwilligen Zusammenschlüsse, deren Zweck die Förderung der Arbeits- *und* Wirtschaftsbedingungen ist. Es geht also um **Arbeitgeber- und Arbeitnehmerverbände** (Gewerkschaften), nicht um Kartelle und Verbraucherverbände. Auch dieses Grundrecht wird individuell (für den einzelnen Menschen) und nach h.M. kollektiv (für den Verband selbst) gewährt, und führt zur **Tarifautonomie** dieser Verbände, nämlich zum Recht, ungehindert vom Staat Tarifverträge frei aushandeln zu können, und zu deren Durchsetzung ggf. Arbeitskämpfe (insbes. Streiks) nach bestimmten Regeln gegeneinander auszutragen.[229] Auch dabei hat sich der Staat neutral zu verhalten. Nicht durch Art. 9 GG geschützt sind aber politische Streiks gegen die Regierung.

III. Eingriffe

Der Schutzbereich des Art. 8 GG wird beeinträchtigt, wenn entgegen dessen Wortlaut die Versammlung von einer Anmeldung oder Erlaubnis abhängig gemacht wird. Für Versammlungen unter freiem Himmel verlangt das VersammlG des Bundes (§ 14) eine vorherige *Anmeldung*, eine staatliche Erlaubnis ist aber nirgends vorgesehen.

---

[228] BVerfGE 50, 290, 354; 80, 244, 253; *Kingreen/Poscher*, Grundrechte, Rn. 852; a.A. *Ipsen*, Staatsrecht II, Rn. 587.
[229] BVerfGE 50, 290; 84, 212; 92, 365; BVerfG, NJW 2017, 2523.

Im Übrigen liegen Eingriffe vor, wenn das geschützte Verhalten verhindert, verboten oder erheblich erschwert wird.

Beispiele: Verbot, Unterbrechung oder Auflösung einer Versammlung; *Auflagen* bzgl. Ort und Zeit, Ablauf, Kundgebungsmittel, Redebeiträge; Einkesselung einer Demonstration, Ausschluss von Teilnehmern, erhebliche Behinderung durch die Polizei; *Überwachung* (z.b. mit Video) von Teilnehmern einschl. Feststellung der Identität der Teilnehmer, denn dies kann die Entschlussfreiheit beeinträchtigen, bei der Versammlung mitzuwirken (sog. innere Versammlungsfreiheit).[230] Zusätzlich kann ein Eingriff in das APR vorliegen. Kein Eingriff ist aber die bloß schützende polizeiliche Begleitung mit wenigen Beamten.

Die *Vereinigungsfreiheit* ist beeinträchtigt, wenn der Staat eine Vereinigung verbietet oder auflöst, die Vereinssatzung unter Genehmigungsvorbehalt stellt, die Mitgliederwerbung untersagt oder Mitglieder zum Austritt zwingt. Das Verbot einzelner Aktivitäten von Mitgliedern des Vereins ist aber meist nicht an Art. 9 GG zu messen, sondern an den für die jeweilige Handlung speziell greifenden Freiheitsrechten, z.B. an Art. 8 GG für den Aufruf zu einer Demonstration. *Keine* Eingriffe sind gesetzliche Ausgestaltungen der Vereinigungsfreiheit, nämlich Regelungen über die unterschiedlichen Vereins- und Gesellschaftsformen und deren Teilnahme am Rechtsverkehr, insbes. die Ausgestaltung des Vereins- und Gesellschaftsrechts.[231]

Auch die *Koalitionsfreiheit* erfährt Ausgestaltungen durch Gesetze und Rechtsprechung (Bundesarbeitsgericht!), ohne dass ein Eingriff vorliegt; so werden z.B. Rahmenbedingungen für Arbeitskämpfe gesetzt.[232] Eingriffe in die *kollektive* Koalitionsfreiheit sind aber staatliche Interventionen in laufende Arbeitskämpfe oder gesetzliche Lohnabstandsklauseln.[233] Das gilt

---

[230] BVerfGE 69, 315, 349; *Kingreen/Poscher,* Grundrechte, Rn. 825 f.
[231] BVerfGE 50, 290, 354; *Ipsen,* Staatsrecht II, Rn. 591.
[232] Z.B. BAG, NJW 2010, 631.
[233] BVerfGE 100, 271.

auch für die neue gesetzliche Anordnung der Tarifeinheit im Betrieb.[234] Ein Eingriff in die *individuelle* Koalitionsfreiheit wäre die Benachteiligung oder Bevorzugung von Personen wegen ihrer Gewerkschaftszugehörigkeit durch den Staat. Ein solcher Eingriff kann wegen der (unmittelbaren) Drittwirkung des Art. 9 Abs. 3 S. 2 GG auch von Privaten ausgehen, etwa vom Arbeitgeber, der einen Arbeitnehmer wegen dessen Gewerkschaftszugehörigkeit entlässt.[235]

IV.   Einschränkbarkeit

1.)   Schranken

a) Versammlungen **unter freiem Himmel** können gem. Art. 8 Abs. 2 GG „durch Gesetz oder auf Grund eines Gesetzes beschränkt werden", sie stehen also unter (einfachem) **Gesetzesvorbehalt**. Damit sind sie scheinbar leicht einschränkbar, die „Schranken-Schranken" spielen aber eine große Rolle. Durch Gesetz selbst wird z.B. die Anmeldepflicht für solche Versammlungen eingeführt, auf Grund eines Gesetzes kann die Polizei Maßnahmen bei solchen Versammlungen treffen. Wichtigstes Gesetz in diesem Sinn ist bisher das *Versammlungsgesetz des Bundes* aus dem Jahr 1953. Bei der Föderalismusreform im Jahr 2006 ist aber das Versammlungsrecht aus der Bundeskompetenz (Art. 74 GG) gestrichen worden, so dass dieses VersammlungsG gem. Art. 125a GG als Bundesrecht nur fortgilt, solange es nicht durch Landesrecht ersetzt ist. Mehrere Bundesländer haben dies inzwischen getan. Einschränkungen für solche Versammlungen enthalten auch die Bannmeilengesetze der Länder und das Gesetz über befriedete Bezirke des Bundes, jeweils zum Schutz von Verfassungsorganen.

---

[234] § 4a TVG, dazu BVerfG, NJW 2017, 2523.
[235] *Kingreen/Poscher*, Grundrechte, Rn. 805; weitere Beispiele bei *Dreier*, GG, Art. 9 Rn. 83 und *Sachs*, GG, Art. 9 Rn. 125.

b) Andere Versammlungen stehen nicht unter Gesetzesvorbehalt, das sind diejenigen **in geschlossenen Räumen**. Diese strahlen weniger in die Öffentlichkeit aus, und unterliegen weniger Einwirkungen von außen, sind also typischerweise weniger gefährlich bzw. gefährdet. Dieser Sinn der Unterscheidung muss bei Abgrenzungsproblemen beachtet werden, und damit ist eine (vollständige) seitliche Umgrenzung wichtiger als ein schützendes Dach.[236]

Beispiele: Eine Versammlung in einem umschlossenen Hinterhof findet „in geschlossenen Räumen" statt, auch wenn kein Dach darüber ist. Eine Versammlung auf einem überdachten Vorplatz ist „unter freiem Himmel", wenn dieser Vorplatz nach einer oder mehreren Seiten offen ist. Grenzfälle sind Zelte, Stadien und nun auch Schalterhallen.[237]

Einschränkbar ist die Versammlung in geschlossenen Räumen (wie die Kunstfreiheit und die Religionsfreiheit) nur in einzelnen Fällen durch kollidierendes Verfassungsrecht, also sog. **verfassungsimmanente Schranken**. Als solche kommen vor allem gefährdete oder verletzte Grundrechte Anderer in Betracht, und das Gebot der Friedlichkeit und Waffenlosigkeit (Art. 8 Abs. 1) gilt natürlich auch für diese Versammlungen. Solche Einschränkungsmöglichkeiten greifen z.B. die §§ 5 und 13 VersammlG auf, allerdings sehr weitgehend.

Schon im Schrankenbereich muss das einschränkende Gesetz ggf. *verfassungskonform (meist einschränkend) ausgelegt* werden. Das gilt vor allem für das (alte) VersG bzgl. der §§ 3, 5, 12a, 13-15. So ist beispielsweise eine Spontandemonstration auch ohne Anmeldung (§ 14) zulässig.[238] Empfindlichkeiten ausländischer Politiker sind kein Verbotsgrund.[239]

---

[236] *Epping*, Grundrechte, Rn. 44; *Kingreen/Poscher*, Rn. 822.
[237] BVerfG, NJW 2011, 1201 (Flughafen Frankfurt).
[238] BVerfGE 69, 315; 85, 69.
[239] BVerfG, NJW 2007, 2167.

c) Die Schranke der **Vereinigungsfreiheit** ergibt sich aus Art. 9 Abs. 2 GG, auch wenn dieser wie eine Schutzbereichsbegrenzung formuliert ist.[240] In der Rechtspraxis dürfen also Vereinigungen erst dann *als verboten behandelt* werden, wenn auf Grund eines Gesetzes ausdrücklich festgestellt wurde, dass deren Tätigkeit den Strafgesetzen zuwiderläuft oder sich gegen die verfassungsmäßige Ordnung oder die Völkerverständigung richtet. Im Ergebnis steht Art. 9 GG damit unter **qualifiziertem Gesetzesvorbehalt**.[241] Einschränkendes Gesetz ist vor allem das Vereinsgesetz des Bundes, in dem u.a. das Verbotsverfahren und die Zuständigkeit (Bundes- oder Landes-Innenminister) geregelt sind. Auch die Verbotsgründe des Art. 9 Abs. 2 GG sind darin aufgegriffen, dürfen nicht zu weit ausgelegt werden. So reichen einzelne strafbare Handlungen von Mitgliedern nicht aus, die „verfassungsmäßige Ordnung" besteht aus den Werten und Artikeln der Verfassung, nicht aus allen verfassungsgemäßen Gesetzen (so aber bei Art. 2 Abs. 1 GG). Auch Religionsgemeinschaften können seit Dezember 2001 so verboten werden. Als erstes traf es den sog. Kalifatsstaat in Köln, neuerdings salafistische Gruppierungen.[242] Ansonsten sind meist rechtsextremistische Vereinigungen betroffen, z.B. die „Heimattreue Deutsche Jugend",[243] oder kriminelle Rockergruppen wie Teile der „Hells Angels".[244]

Zusätzliche Schranken können sich aus *kollidierendem Verfassungsrecht* ergeben, was vor allem bei der Koalitionsfreiheit in Betracht kommt. Wegen Art. 33 Abs. 5 GG haben Beamte deshalb in Deutschland kein Streikrecht.[245]

---

[240] *Jarass/Pieroth,* GG, Art. 9 Rn. 17; *Ipsen,* Grundrechte, Rn. 597.
[241] *Kingreen/Poscher,* Grundrechte, Rn. 865.
[242] BVerwG, NVwZ 2003, 986; NVwZ 2014, 1573.
[243] BVerwG, NVwZ-RR 2009, 803; NVwZ-RR 2011, 14.
[244] BVerwG, NVwZ 2013, 521; BVerfG, Beschl. v. 13.07.2018 – 1 BvR 1474/12, 57/14, 670/13.
[245] BVerfG, NVwZ 2018, 1121.

2.)   Schranken-Schranken

a) Der Grundsatz der **Verhältnismäßigkeit** gilt für Eingriffe in jedes Grundrecht, ist aber bei der Versammlungsfreiheit besonders wichtig. Grundlegend war der Brokdorf-Beschluss des BVerfG im Jahre 1985.[246] Danach dürfen Verbot und Auflösung von Versammlungen nur erfolgen „zum Schutz gleichwertiger Rechtsgüter unter strikter Wahrung des Grundsatzes der Verhältnismäßigkeit und nur bei einer unmittelbaren, aus erkennbaren Umständen herleitbaren Gefährdung dieser Rechtsgüter". An anderer Stelle heißt es „nur zum Schutz wichtiger Rechtsgüter".[247]

Eine Rangordnung der Rechtsgüter und Grundrechte erstellen zu wollen, empfiehlt sich allerdings nicht. Es genügt, die Verhältnismäßigkeit sorgfältig zu prüfen in den drei Schritten Eignung, Erforderlichkeit und Angemessenheit. Bei Eingriffen, die weniger schwer sind als Verbot und Auflösung, muss auch weniger streng geprüft werden. In jedem Fall müssen die Behörden aber die einschränkenden Gesetze *versammlungsfreundlich* auslegen und anwenden. Versammlungen sind grundsätzlich zu ermöglichen, auch solche von politischen Extremisten, wenn nicht konkret Straftaten durch diese drohen.[248] Nicht hinnehmbare Gestaltungen werden durch Auflagen verboten, solange sie (noch) nicht gesetzlich verboten sind.

Beispiele: Auflagen gegenüber einem rechtsextremen Veranstalter, nicht im Gleichschritt zu marschieren, Parolen wie „Ruhm und Ehre der Waffen-SS nicht zu skandieren, keine Springerstiefel zu tragen.[249] Auflagen an die Gegner dieser Demonstration, Mindestabstand zu halten. Auflagen gegenüber Atomkraft-Gegnern, die Einfahrt zum Kraftwerksgelände nicht zu blockieren. Manche Behinderung des Straßenverkehrs oder Lärmbelästigung durch Versammlungen ist auch einfach hinzunehmen.

---

[246] BVerfGE 69, 315.
[247] BVerfGE 69, 315, 354.
[248] BVerfG, NJW 2005, 3202; NVwZ 2006, 585, 815; NJW 2007, 2167.
[249] *Leist,* NVwZ 2003, 1300.

90

b) Auch Eingriffe in die *Vereinigungsfreiheit* müssen sich am Grundsatz der Verhältnismäßigkeit orientieren. Wenn die Schranke aus kollidierendem Verfassungsrecht abgeleitet wird, sollte zusätzlich die sog. *praktische Konkordanz* geprüft werden, also ein möglichst schonender Ausgleich zwischen entgegenstehenden Grundrechtspositionen.[250] Arbeitskämpfe gem. Art. 9 Abs. 3 GG sind durch den dortigen Satz 3 gegen bestimmte staatliche Maßnahmen sogar im Notstandsfall absolut geschützt.

c) Das **Zitiergebot** (Art. 19 Abs. 1 S. 2 GG) gilt für Eingriffe des Gesetzgebers gegenüber Versammlungen unter freiem Himmel. Dem wird z.B. in § 20 VersammlG entsprochen. Vorsicht ist geboten bei der Anwendung der **Polizeigesetze** im Zusammenhang mit Versammlungen, wenn dort Art. 8 GG *nicht* zitiert ist. Dann sind gezielte Eingriffe gegenüber Versammlungen unter freiem Himmel oder deren Teilnehmer mittels Polizeigesetz nicht zulässig,[251] wie etwa die Feststellung der Identität der Demonstranten. Im Übrigen wird aber die Anwendung der (allgemeinen) Polizei- und Ordnungsgesetze nicht durch Art. 8 GG ausgeschlossen, sondern durch den Vorrang des speziellen VersammlG, soweit dieses Regelungen trifft.[252] Art. 8 GG ist nicht absolut „polizeifest".

📖 **Übungsfälle:**   *Reffken/Thiele*, Standardfälle Staatsrecht II, Fall 3 (Demonstrationsverbot); *Grote/Kraus*, Fall 12 (Vereinsverbot); *Degenhart*, Klausurenkurs I Fall 18 (Versammlungsauflösung); *Otto*, JuS 2011, 143 (nicht angemeldete Versammlung).

---

[250] *Epping,* Grundrechte, Rn. 918.
[251] *Deger,* Die Polizei 2016, 163; Die Polizei 2018, 205.
[252] *Kötter/Nolte,* DÖV 2009, 399.

Zusammenfassung: a) Art. 8 und b) 9 GG

Funktionen	Abwehrrechte, Schutzpflicht; Institutsgarantie für Koalitionen
Schutzbereiche	a) Erörterung oder Kundgebung zur öffentlichen Meinungsbildung b) freiwilliger Zusammenschluss für längere Zeit
Eingriffe	a) z.B. Verbot, Auflösung, Auflage, Überwachung von Teilnehmern
Schranken	a) Gesetzesvorbehalt Art. 8 Abs. 2 oder kollidierendes Verfassungsrecht b) qualifizierter Gesetzesvorbehalt
Schranken-Schranken	Verhältnismäßigkeit, praktische Konkordanz, absolute Schranke Art. 9 Abs. 3 S. 3

11. Kapitel: Telekommunikationsgeheimnis
(Art. 10 GG)

I. Funktion

Art. 10 GG schützt einen wichtigen Teil der Privatsphäre, nämlich die Vertraulichkeit bestimmter Kommunikationsmedien. Die Privatsphäre wird außerdem geschützt durch Art. 13 GG und das Allgemeine Persönlichkeitsrecht (Art. 2 Abs. 1 i.V.m. Art. 1 GG). Bei Art. 10 GG geht es um die Kommunikation auf Distanz, die übermittelt werden muss, und gerade während der Übermittlung besonderen Schutzes bedarf gegen unbefugte Kenntnisnahme. „Brief- Post- und Fernmeldegeheimnis" nennt das GG dieses Grundrecht, technisch inzwischen überholt. Für „Fernmeldegeheimnis" wird inzwischen allgemein der Begriff „Telekommunikationsgeheimnis" gesetzt. Er passt aber sinngemäß auf das ganze Grundrecht, denn auch bei Brief und Post geht es um Kommunikation auf Distanz, und „tele" bedeutet weit oder fern. Art. 10 GG schützt also insgesamt die private Fernkommunikation.[253]

Diese Kommunikation wurde früher fast nur von der staatlichen Post als Behörde übermittelt. Gegen diese war Art. 10 GG direkt als **Abwehrrecht** gerichtet, außerdem gegen Zugriffe anderer Behörden. Seit der Privatisierung der Post und deren Dienstleistungen ist die Vertraulichkeit der Kommunikation nicht nur von wissbegierigen Behörden bedroht, sondern auch von privaten Dienstleistern, welche diese Kommunikation nun übermitteln. Insofern hat der Staat nun eine **Schutzpflicht** für das Grundrecht, er muss auch die Privaten auf das Telekommunikationsgeheimnis verpflichten, so geschehen z.B. in § 39 PostG, § 88 TKG.[254]

---

[253] BVerfG, NJW 2006, 976, 978.
[254] BVerfG, NJW 2002, 3619; vgl. auch *Kingreen/Poscher,* Grundrechte, Rn. 885, 903.

II.   Schutzbereiche

1.)   Persönlich

Träger dieses Grundrechts ist jedermann, also alle Menschen, auch Kinder. Außerdem sind *juristische* Personen des Privatrechts geschützt, denn das Telekommunikationsgeheimnis ist seinem Wesen nach auf diese anwendbar, Art. 19 Abs. 3 GG, auch wenn immer ein Mensch hinter der Kommunikation stehen muss.[255] Bei einem Firmenbrief mit Geschäftsgeheimnissen ist dies offenkundig. Nicht geschützt sind aber juristische Personen des *öffentlichen* Rechts und Behörden; diese sind durch das Grundrecht *verpflichtet.* Auch dienstliche Kommunikation zwischen Beamten ist deshalb nicht geschützt.[256]

2.)   Sachlich

Entsprechend der Formulierung des Art. 10 GG werden herkömmlich drei Teil-Schutzbereiche definiert, die aber nicht immer exakt voneinander getrennt werden können. Wichtiger ist die gemeinsame Klammer, die *Vertraulichkeit* der Sendungen.

a) Das **Briefgeheimnis** gilt für individuelle schriftliche Mitteilungen, auch wenn sie in einem Paket stecken, nicht aber für Massen-Drucksachen und Zeitungs- oder Warensendungen. Umstritten ist, ob der Brief verschlossen sein muss. Der Wortlaut legt das nahe,[257] wohl auch das unterschiedliche Interesse des Absenders an Vertraulichkeit. Andere wollen aber auch die (unverschlossene) Postkarte schützen, weil die individuelle schriftliche Mitteilung entscheidend sei.[258] Meist kommt es auf die Entscheidung dieses Streits gar nicht an, weil im Postbereich alle Sendungen geschützt sind, siehe sogleich b).

---

[255] *Ipsen,* Staatsrecht II, Rn. 297; *Epping,* Grundrechte, Rn. 691.
[256] *Ipsen,* Staatsrecht II, Rn. 298.
[257] *Groß,* JZ 1999, 326, 332; *Sachs,* GG, Art. 10 Rn. 12.
[258] *Epping,* Grundrechte, Rn. 693; *Dreier,* GG, Art. 10 Rn. 27.

b) Das **Postgeheimnis** gilt für alle Sendungen, die sich im Herrschaftsbereich der Post befinden, also im Zeitraum zwischen Aufgabe bei der Post bis zur Ablieferung beim Empfänger. Sendungen im Postfach gehören noch dazu.[259] Geschützt sind nicht nur (verschlossene) Briefe, sondern auch Postkarten und Warensendungen. Seit Ablauf des früheren Postmonopols (der Bundespost) ist immer noch umstritten, ob das Postgeheimnis nun auch für Sendungen gilt, die nicht vom Nachfolgeunternehmen Deutsche Post AG, sondern von einem wirklich privaten Post-Dienstleister befördert werden. Das sollte man bejahen, weil das Postgeheimnis nicht mehr organisatorisch, sondern funktional zu verstehen ist.[260] Beim Fernmeldegeheimnis ist das längst anerkannt.

c) Das **Fernmeldegeheimnis** gilt für die individuelle Kommunikation, die durch eine technische Anlage mittels unkörperlicher Signale (elektromagnetisch, elektronisch) übermittelt wird. Außer Telefongesprächen fallen darunter z.B. Telegramm- und Funkverkehr, Telefax, E-Mail, SMS, WhatsApp und sonstige Datenübertragung zwischen Computern, sofern es um *individuelle* Mitteilungen geht, also nicht die „website" einer Person oder Organisation. Auch haus- oder betriebsinterne Anlagen sind geschützt.[261]

Schutzbedürftig ist jeweils vor allem der *Inhalt* der Kommunikation. Daneben werden nach allgemeiner Auffassung aber auch die *näheren Umstände* geschützt, die sog. Verbindungs- oder Verkehrsdaten: wer kommuniziert mit wem, wann, wie oft, wo, wie lange?[262] Im Hinblick auf den Ablauf der Kommunikation ist schutzbedürftig vor allem die *Phase der Übermittlung*, auf den die Grundrechtsträger wenig Einfluss haben. Nur diese ist vom Postgeheimnis erfasst, während das Briefgeheimnis auch davor und danach wirken kann. Das Fernmeldegeheimnis kann

---

[259] BVerwGE 79, 110, 115.
[260] *Groß,* JZ 1999, 326; a.A. *Dreier,* GG, Art. 10 Rn. 24, 40; *Sachs,* GG, Art. 10 Rn. 13.
[261] *Kingreen/Poscher,* Rn. 895; *Epping,* Grundrechte, Rn. 697.
[262] *Jarass/Pieroth,* GG, Art. 10 Rn. 9.

auch nach der Übermittlung weiterwirken, wenn z.B. auf Übermittlungs-daten *bei der Telefonfirma* zugegriffen werden soll oder wenn Abhör-protokolle weitergegeben werden sollen.[263]

Vereinfacht könnte ein einheitlicher Schutzbereich für Art. 10 GG so ausgedrückt werden: *Vertraulichkeit individueller Mit-teilungen und Sendungen vor allem während der Übermittlung.*

III.   Eingriffe

Ein Eingriff liegt demnach vor, wenn staatliche Organe während der Übermittlung Kenntnis nehmen von Tatsache oder Inhalt der Kommunikation oder Sendung. Beim Brief sicher auch dann, wenn staatliche Organe vor oder nach der Übermittlung diesen öffnen und lesen, auch wenn sie diesen dazu aus dem Postfach nehmen. Schwieriger zu beurteilen sind Maßnahmen, die nicht direkt in diese Phasen eingreifen. Sie müssen nach dem Schutzzweck des Art. 10 GG bewertet werden, vor allem nach der *Einflussmöglichkeit des Betroffenen.*

Beispiele: Die Aufzeichnung der bei der Polizei auf Notruf 110 oder 112 eingehenden Anrufe ist *kein* Eingriff in Art. 10 GG, weil die Anrufer wissen, dass sie mit der Polizei sprechen. Kein Eingriff ist auch die Feststellung des Standortes oder der Geräte- und Kartennummer eines (empfangsbereiten) Mobiltelefons, wenn dies *unabhängig* von einem Telefonat geschieht.[264] Anders ist es, wenn (bei der Telefongesell-schaft) festgestellt wird, wo sich das Handy bei einem Gespräch be-funden hat.

Ein Eingriff liegt auch vor, wenn der Staat auf E-Mails zugreift, die noch beim Provider zwischengespeichert sind.[265] Sind die Mails aber beim Empfänger angekommen und dort nun gespeichert, ist der Kommuni-kationsvorgang abgeschlossen, die Daten befinden sich im Einfluss-

---

[263] BVerfG, NJW 2000, 55; *Jarass/Pieroth,* GG Art. 10 Rn. 11.
[264] BVerfG, NJW 2007, 351 (IMSI-Catcher); BGH, NJW 2018, 2809 (stille SMS); a.A. *Nachbaur,* NJW 2007, 335.
[265] BVerfG, NJW 2009, 2431; *Zimmermann,* JA 2014, 321, 325.

bereich des Empfängers. Der staatliche Zugriff dort (am Endgerät) ist *kein* Eingriff in Art. 10 GG. Dasselbe gilt für Verbindungsdaten, die noch im Computer oder Mobiltelefon gespeichert sind.[266] Wenn mit Wissen des Empfängers eines Telefongesprächs ein Beamter an einem Zweitgerät mithört, liegt ebenfalls kein Eingriff in Art. 10 GG vor, wohl aber in das APR des anderen Gesprächsteilnehmers.[267] Eingriffe sind dagegen der heimliche Einbau einer „Wanze" im Telefonapparat oder die sog. Quellen-TKÜ *vor* der Verschlüsselung und Übermittlung.[268] Eingriff ist auch die (nachträgliche) Zuordnung einer (dynamischen) IP-Adresse eines Computers zu einer bestimmten Person, anders als bei der Telefonnummer.[269]

Der „klassische" Eingriff ist aber die Anordnung gegenüber der Telefongesellschaft, die Gespräche des überwachten Verdächtigen an die Polizei weiterzuleiten. Geheimdienste können auch mit eigenen technischen Mitteln Telefonate und E-Mails (z.B. nach Suchbegriffen oder „Selektoren") überwachen.

Sicher *keine* Eingriffe in Art. 10 GG sind die bloße Wegnahme eines Telefons, das Betreiben eines Störsenders (z.B. in der JVA) oder das Verbot, zu telefonieren. Denn dabei wird die Kommunikation verhindert, nicht die Vertraulichkeit verletzt. Das sind ggf. Eingriffe in Art. 2 und 5 GG. Das gilt auch für das Anhalten von Briefen Strafgefangener gem. § 31 StVollzG Bund. Gar kein Grundrechtseingriff ist die Feststellung der Telefonnummer im Telefonbuch.

Wenn das Telekommunikationsgeheimnis durch Privatpersonen oder Firmen bedroht ist, greift die staatliche *Schutzpflicht*, solches zu verhindern, ggf. liegt eine Straftat gem. §§ 201 ff. StGB vor. Zivilrechtlich kann es dann z.B. um die Verwertbarkeit eines heimlich mitgehörten Telefonats gehen.[270]

---

[266] BVerfG, NJW 2006, 976; a.A. noch BVerfG, NJW 2005, 1637.
[267] BVerfG, NJW 2002, 3619.
[268] § 20l BKAG, § 100a StPO neu.
[269] BVerfG, NJW 2012, 1419.
[270] BVerfG, NJW 2002, 3619.

IV.   Einschränkbarkeit

1.)   Schranken

Das Telekommunikationsgeheimnis steht gem. Art. 10 Abs. 2 S. 1 GG unter (einfachem) Gesetzesvorbehalt, ist also scheinbar leicht einschränkbar. Allerdings gelten hier zusätzlich mindestens dieselben Anforderungen wie beim Recht auf informationelle Selbstbestimmung (5. Kapitel IV.), weil es auch hier um den Schutz persönlicher Daten geht. Einschränkende Gesetze müssen also hinreichend **bestimmt** sein, Voraussetzungen und Umfang der Beschränkungen müssen sich für den Einzelnen erkennbar aus dem Gesetz ergeben, der Verwendungszweck muss bereichsspezifisch und präzise bestimmt werden.[271]

Dem entsprechen wohl die Eingriffsbefugnisse § 42 Abs. 4 PostG, § 29 Abs. 3 und § 32 StVollzG; §§ 94 ff und §§ 100a, b StPO.[272] Fraglich war das beim früheren § 119 Abs. 3 StPO, der die Überwachung von Untersuchungshäftlingen erlaubte, aber über die Art der „Beschränkungen" nichts aussagte. Er wurde nachgebessert.[273] Präventive Eingriffsbefugnisse wurden schon mehrmals als unbestimmt beanstandet, z.B. die Telefonüberwachung von Personen, die Straftaten „planen".[274] Zwar ist auch ein präventiver Zweck für den Eingriff möglich (etwa zur Verhinderung eines Suizids oder Terroranschlags), die meisten Eingriffe durch die Polizei dienten aber bisher der Verfolgung *begangener* Straftaten.

Wenn die Beschränkung dem Schutz des Staates oder der freiheitlich demokratischen Grundordnung dient (Art. 10 Abs. 2 S. 2 GG), sind sogar Eingriffe in rechtsstaatliche Sicherungen wie (nachträgliche) Information des Betroffenen und gerichtlicher Rechtsschutz zulässig. Das wird aufgegriffen durch Art.

---

[271] BVerfGE 100, 313, 359 f.; 110, 33, 53 ff.
[272] BVerfG, NJW 2009, 2431; NJW 2012, 833.
[273] BGBl 2009 I 2274.
[274] BVerfGE 110, 33; 113, 348.

45 d GG, durch das sog. *G 10-Gesetz des Bundes* und die Gesetze über den Verfassungsschutz.

Rechtsverordnungen als Eingriffsgrundlagen sind zwar nicht ausgeschlossen, wenn Art. 80 GG beachtet wird, kommen aber bei diesem sensiblen Grundrecht kaum vor.[275]

2.) Schranken-Schranken

Der Wesensgehalt (Art. 19 Abs. 2 GG) oder unantastbare **Kernbereich** der Privatsphäre (vgl. 5. Kapitel IV. 2) muss in jedem Fall geschützt bleiben, auch bei der Telefonüberwachung.[276] Wenn dennoch Gespräche aus diesem Kernbereich aufgezeichnet wurden, sind sie unverzüglich zu löschen und dürfen nicht verwertet werden. Auch der Kernbereich des *Rechtsstaates* darf durch Regelungen gem. Art. 10 Abs. 2 S. 2 GG nicht ausgehöhlt werden, eine wirksame Ersatzkontrolle durch parlamentarische Gremien muss eingerichtet und eine spätere Benachrichtigung des Betroffenen möglich sein.[277]

Außerhalb dieses Kernbereichs gilt wie immer der Grundsatz der **Verhältnismäßigkeit**. Eingriffe in Art. 10 GG sind meistens schwerwiegend. Dabei ist die Feststellung des Inhalts der Kommunikation schwerwiegender als die Feststellung „nur" der näheren Umstände. In jedem Fall muss schon der Gesetzgeber sorgfältig erwägen, ob weitere Eingriffsbefugnisse erforderlich und angemessen sind, ob wegen Terrorgefahren das Telekommunikationsgeheimnis weiter zurücktreten muss zugunsten staatlicher Überwachungsmöglichkeiten. Entsprechendes gilt bei der *Anwendung* der Gesetze. Besondere Zurückhaltung ist geboten bei der Überwachung von Journalisten oder Rechtsanwälten.

---

[275] *Hömig*, GG, Art. 10 Rn. 12; Ausnahme z.B. § 41 Abs. 2 PostG.
[276] BVerfGE 113, 348; umgesetzt z.B. in § 100 d StPO.
[277] BVerfGE 30, 1 („Abhörurteil"); 67, 157; 100, 313.

Eine Verpflichtung der (privatrechtlichen) Diensteanbieter zur **Vorrats-speicherung** von Telekommunikations-Verkehrsdaten ermöglicht den staatlichen Behörden weitere Eingriffe in Art. 10 GG beim Zugriff auf diese Daten. Auch wenn diese Verpflichtung zunächst durch eine Richtlinie der EU ausgelöst war, musste deren Umsetzung in das deutsche Recht verhältnismäßig sein. Aber sowohl das deutsche Gesetz als auch die Richtlinie selbst gingen zu weit.[278] Im Oktober 2015 hat der Bundestag erneut eine Vorratsdatenspeicherung in milderer Form im TKG beschlossen, die trotzdem wieder sehr um-stritten ist.[279]

Einen *Richtervorbehalt* enthält Art. 10 GG nicht, anders als z.B. Art. 13 GG. Trotzdem ist es in Deutschland schon lange üblich, im einfachen Gesetz (z.B. StPO, PolG) vorzuschreiben, dass Eingriffe in Art. 10 GG von einem Richter angeordnet werden müssen. Das spricht dann (u.a.) für die Verhältnismäßigkeit des Gesetzes selbst, und ist bei dessen Anwendung selbstverständlich zu beachten.

Schließlich muss das *Zitiergebot* (Art. 19 Abs. 1 S. 2 GG) beachtet werden, entweder im einschränkenden Gesetz selbst oder im Gesetzblatt bei der Einführung neuer Eingriffe.[280] Wenn Art. 10 GG nicht zitiert ist, darf das jeweilige Gesetz nicht so ausgelegt und angewandt werden, dass Eingriffe möglich sind. Das gilt noch für manche Polizeigesetze. Dann ist es rechtlich auch sehr schwierig, Erkenntnisse aus einer strafprozessualen Überwachungen zur Gefahrenabwehr zu verwenden. Denn die weitere Verarbeitung und Verwendung solcher Daten gilt als erneuter Eingriff in Art. 10 GG.[281]

---

[278] BVerfG, NJW 2010, 833: §§ 113 a,b TKG i.d.F.v. 21.12.2007 (BGBl I S. 3198) sind unverhältnismäßig; EUGH, NVwZ 2014, 709.
[279] Vgl. nur *Nachbaur,* Die Polizei 2016, 252; ZRP 2015, 215 sowie BVerfG, NVwZ 2016, 1240.
[280] Z.B. § 196 StVollzG; § 10 HessSOG; § 4 PolG BW; BGBl 2017 I S. 3213 bzgl. § 100a StPO.
[281] BVerfG, NJW 2000, 55.

100

📖 **Übungsfälle:**   *Funke/Lüdemann,* JuS 2008, 780
(Grundfälle zu Art. 10 GG).

Zusammenfassung: Telekommunikationsgeheimnis (Art. 10 GG)

Funktion	Abwehrrecht, Schutzpflicht gegen private Eingriffe
Schutzbereich	**Vertraulichkeit** individueller Mitteilungen u. Sendungen, die übermittelt werden a) Briefe b) Sendungen bei der Post c) Telefonate, elektronische Mitteilungen einschl. näherer Umstände
Eingriff	**Kenntnisnahme,** vor allem während der Übermittlung
Schranke	**Gesetzesvorbehalt** bzgl. hinreichend *bestimmter* Gesetze
Schranken-Schranken	unantastbarer Kernbereich, Verhältnismäßigkeit, Zitiergebot

12. Kapitel: Berufsfreiheit (Art. 12 GG)

I. Funktion

Art. 12 Abs. 1 GG enthält ein einheitliches Grundrecht. Diese Berufsfreiheit ist eine besondere Ausprägung der freien Entfaltung der Persönlichkeit und geht damit dem Art. 2 Abs. 1 GG vor.[282] Für die Wirtschaftsordnung ist Art. 12 GG von großer Bedeutung, weil er auch die Freiheit des Gewerbes sichert und damit wettbewerbsfördernd wirkt. Dabei dominiert wieder die *Abwehr* staatlicher Eingriffe und Maßnahmen in die Berufstätigkeit. Zugleich enthält Art. 12 aber auch eine objektive *Wertentscheidung* des GG für freie Berufstätigkeit,[283] der Staat muss also die Berufsfreiheit gelegentlich fördern. Eine bestimmte (marktwirtschaftliche) Wirtschaftspolitik gibt dieses Grundrecht allerdings nicht vor, und im Gegenzug enthält Art. 12 GG auch kein (sozialistisches) Recht auf Arbeit, wie es noch aus Art. 163 Abs. 2 WRV und Art. 35 DDR-Verf. abgeleitet werden konnte.

II. Schutzbereiche

1.) Persönlich

„Alle Deutschen" sind gem. Art. 12 Abs. 1 GG Träger dieses Grundrechts, Ausländer können sich ggf. auf das Auffanggrundrecht Art. 2 Abs. 1 GG berufen. Die Verbote des Art. 12 Abs. 2 und 3 gelten aber auch zu Gunsten von Ausländern. Außerdem ist schon bei der eigentlichen Berufsfreiheit (Abs. 1) zu beachten, dass für EU-Bürger die Grundfreiheiten des EU-Rechts gelten, nämlich Freizügigkeit der Arbeitnehmer, Niederlassungs- und Dienstleistungsfreiheit (Art. 18, 45 ff. AEUV). EU-Bürger dürfen also *im Ergebnis* nicht schlechter behandelt werden als Deutsche. Auf inländische *juristische Personen* des Privatrechts

---

[282] *Jarass/Pieroth,* GG, Art. 12 Rn. 4; *Hömig,* GG, Art. 12 Rn. 3.
[283] BVerfGE 92, 26, 46; 97, 169, 176.

ist dieses Grundrecht „seinem Wesen nach" anwendbar (Art. 19 Abs. 3 GG), gilt also beispielsweise für die wirtschaftliche Tätigkeit einer AG, GmbH, KG und OHG.[284] Für EU-Firmen gilt wiederum der AEUV (früher EG-Vertrag).

2.) Sachlich

Art. 12 Abs. 1 GG nennt ausdrücklich einzelne Phasen des Berufslebens, nämlich Ausbildung, Berufswahl und Arbeitsplatzwahl. Ungeschrieben kommt selbstverständlich schon im Satz 1 die *Berufsausübung* hinzu.[285] Diese Phasen gegeneinander abzugrenzen, fällt schwer, und ist auch nicht erforderlich. Seit dem sog. Apothekenurteil des BVerfG[286] wird der Schutzbereich nämlich einheitlich als **Berufsfreiheit** definiert, die alle diese Phasen umfasst. Entscheidend ist der Begriff des Berufs, der weit ausgelegt wird. Darunter fallen selbständige oder unselbständige Tätigkeiten, die der Schaffung und Erhaltung einer *Lebensgrundlage* dienen. Sie müssen auch *auf Dauer* angelegt sein, allerdings nicht lebenslang. Auch Nebenberufe und Ferienjobs fallen darunter, nicht aber Hobbys.[287]

Umstritten ist, ob die Tätigkeit *erlaubt* sein muss, um von Art. 12 GG geschützt zu sein.[288] Wer dies uneingeschränkt annimmt, ermöglicht dem Gesetz- oder Verordnungsgeber, durch einfache Vorschriften bestimmte Tätigkeiten aus dem Schutzbereich des Art. 12 GG zu nehmen, wie etwa die Veranstaltung von Wetten. Wer dies ganz ablehnt, muss auch völlig gemeinschädliche Tätigkeiten in den Schutzbereich aufnehmen wie bandenmäßigen Diebstahl. Zu empfehlen ist deshalb eine mitt-

---

[284] *Jarass/Pieroth,* GG, Art. 12 Rn. 13; *Sachs,* GG, Art. 12 Rn. 37.

[285] *Ipsen,* Staatsrecht II, Rn. 634; *Epping,* Grundrechte, Rn. 370.

[286] BVerfGE 7, 377.

[287] *Epping,* Grundrechte, Rn. 378; *Jarass/Pieroth,* GG, Art. 12 Rn. 5f.

[288] Vgl. nur *Jarass/Pieroth,* GG, Art. 12 Rn. 9; *Sachs,* GG, Art. 12 Rn. 52; *Kingreen/Poscher,* Grundrechte, Rn. 937.

lere Lösung, nämlich „sozial unwertige" Tätigkeiten oder (am besten) nur Straftaten vom Schutzbereich auszuschließen.[289]

Beispiele: Nicht geschützt sind die Tätigkeiten eines Diebes, Räubers, Hehlers, Spions, Rauschgifthändlers oder „Killers". Geschützt sind aber zunächst die Tätigkeiten eines Wettbüros, einer Detektei, eines Bewachungsunternehmens oder eines umherziehenden Dachdeckers, auch wenn eine evtl. erforderliche (gewerberechtliche) Erlaubnis nicht vorliegt. Auch die Prostitution ist nach heutiger Auffassung geschützt,[290] nicht aber die (strafbare) Zuhälterei. Berufsmäßige Schwangerschaftsabbrüche durch Ärzte hat das BVerfG dem Art.12 GG unterstellt, auch wenn die Handlung rechtswidrig ist.[291] Nicht mehr geschützt ist nun aber die geschäftsmäßige Förderung der Selbsttötung (§ 217 StGB).

Auch Berufe im öffentlichen Dienst sind erfasst, ohne dass Art. 12 GG ein Recht auf Zugang verschafft. Wenn der Staat die *Ausbildung* zu bestimmten Berufen (Ärzte, Lehrer, Richter) bei sich monopolisiert, ergibt sich aus Art. 12 GG (i.V.m. Art. 3 GG) aber ein Anspruch auf Zulassung zum *Studium* nach gleichen Grundsätzen wie andere Bewerber, allerdings nicht zum gebührenfreien Studium.[292]

III. Eingriffe

Eingriffe liegen jedenfalls dann vor, wenn der Gesetzgeber oder Rechtsanwender gezielt und unmittelbar Ausprägungen des Schutzbereichs beeinträchtigt, etwa bestimmte Berufe nur bestimmten Personen(gruppen) zugänglich macht oder die Berufsausübung am Feiertag verbietet. Eingriffe können aber auch vorliegen, wenn die Regelungen *nur mittelbar* den Art. 12 GG betreffen, oder wenn sie „eine objektiv berufsregelnde Tendenz"

---

[289] *Ipsen,* Staatsrecht II, Rn. 637.
[290] *Kingreen/Poscher,* Grundrechte, Rn. 938.
[291] BVerfG, NJW 1999, 841, 842.
[292] BVerwG, NVwZ 2009, 1562; BVerfG, NJW 2018, 361.

haben.[293] Das ist der Fall, wenn Regelungen Tätigkeiten betreffen, die typischerweise beruflich ausgeübt werden, im Unterschied zu Regelungen oder Maßnahmen, die jeden treffen (können). Außerdem muss ein Mindestmaß an Beeinträchtigung vorliegen.

Beispiele: Eingriffe sind die Festlegung einer Höchstzahl von Taxi-Konzessionen in der jeweiligen Stadt; die Zulassung nur von Meistern im selbstständigen Handwerk; das Verbot gegenüber einem Wettbüro, Sportwetten zu veranstalten oder zu vermitteln; einem „Wunderheiler" das entgeltliche Handauflegen verbieten; einem Inkassounternehmen begleitende Rechtsberatung verbieten; einem muslimischen (deutschen) Schlachter das „Schächten" von Tieren verbieten; gesetzlicher Ladenschluss für Einzelhandelsbetriebe; gesetzliche Sperrzeit für Gaststätten, gesetzliches Rauchverbot in Gaststätten; Beschränkungen des Schwerlastverkehrs an Feiertagen; Werbeverbot für Rechtsanwälte, Verbot anwaltlicher Erfolgshonorare.[294]

Keine Eingriffe sind Verkehrsbeschränkungen für alle KFZ-Führer, die Zulassung von Konkurrenten im wirtschaftlichen Wettbewerb, die Erhebung von Körperschaftssteuer und Müllgebühr, die Durchsuchung eines Strafverteidigers beim Betreten einer Justizvollzugsanstalt der höchsten Sicherheitsstufe.[295] *Grenzfälle* sind staatliche öffentliche Warnungen vor bestimmten Produkten oder bestimmten Firmen, etwa vor dem Kauf und Verkauf von E - Zigaretten.[296]

Art. 12 GG ist ein Schulbeispiel für die Erweiterung des Eingriffsbegriffs über die „klassischen" Merkmale (final, unmittelbar, imperativer Rechtsakt) hinaus, für den Blick auch auf die *Auswirkungen* der Maßnahme.[297]

---

[293] BVerfGE 81, 108, 121; 97, 228, 254; 98, 218, 258; 108, 150, 165; 110, 274, 288; 111, 191, 213.

[294] Vgl. etwa BVerfGE 82, 18; 111, 10; BVerfG, NJW 2004, 2363; 2004, 2890; 2006, 1261; 2007, 979; 2008, 2409; BVerwG, NVwZ 2014, 1241.

[295] OLG Nürnberg, NJW 2002, 694.

[296] BVerwG, NVwZ-RR 2015, 425: Eingriff bejaht.

[297] Vgl. *Epping*, Grundrechte, Rn. 393 f.; BVerfG, NJW 2018, 2109.

IV.   Einschränkbarkeit

1.)   Schranken

Gem. Art. 12 Abs. 1 S. 2 GG kann die Berufs*ausübung* geregelt werden, für die *Wahl* von Beruf, Arbeitsplatz und Ausbildungsstätte sind keine Schranken vermerkt. Weil aber Art. 12 GG als einheitliches Grundrecht zu verstehen ist (oben II 1.), gilt diese Schranke, ein sog. „Regelungsvorbehalt", für alle Teil-Schutzbereiche.[298]

In der Wirkung kommt das einem **Gesetzesvorbehalt** gleich, der allerdings wegen seiner Formulierung *nicht* die Zitierpflicht Art. 19 Abs. 1 S. 2 GG auslöst. Art. 12 GG kann also durch Gesetze selbst oder auf Grund von Gesetzen (durch die Exekutive) eingeschränkt werden, auch durch Rechtsverordnungen oder Satzungen, wenn Art. 80 GG und die *Wesentlichkeitslehre* beachtet sind. Die wichtigen Vorgaben muss also das Parlament selbst treffen.[299] Beispiele findet man vor allem im Gewerberecht und im Recht der freien Berufe (z.B. für Ärzte, Rechtsanwälte, Architekten). Die sog. *Stufenlehre* des BVerfG für Eingriffe in Art. 12 GG ist der Sache nach keine Schranke, sondern eine „Schranken-Schranke", und wird dort behandelt.

2.)   Schranken-Schranken

Hier muss nun berücksichtigt werden, dass rein nach dem Wortlaut des Art. 12 Abs. 1 GG eigentlich nur die Berufs*ausübung* einschränkbar ist. Eingriffe in die Berufs*wahl* müssen also zumindest erschwert werden.
Dazu hat das BVerfG im sog. Apothekenurteil schon im Jahr 1958 eine **Stufenlehre** entwickelt:[300]

---

[298] *Epping*, Grundrechte, Rn. 402 f; *Sachs,* GG, Art. 12 Rn. 107.
[299] *Kingreen/Poscher,* Rn. 947; BVerfG, NJW 2018, 2109.
[300] BVerfGE 7, 377; dazu *Kaiser*, Jura 2008, 844.

Die Freiheit der **Berufsausübung** (1. Stufe: das „Wie" der beruflichen Tätigkeit) kann beschränkt werden, soweit vernünftige Erwägungen des Gemeinwohls dies zweckmäßig erscheinen lassen und die Regelung zumutbar ist.

Die Freiheit der **Berufswahl** darf nur eingeschränkt werden, soweit der Schutz besonders wichtiger Gemeinschaftsgüter es zwingend erfordert. Handelt es sich um eine *subjektive Zulassungsvoraussetzung* (2. Stufe: das „Ob" wird von Voraussetzungen abhängig gemacht, die der Einzelne beeinflussen kann), findet im Übrigen eine normale Verhältnismäßigkeitsprüfung statt. Handelt es sich um eine *objektive Zulassungsvoraussetzung* (3. Stufe: das „Ob" wird von Voraussetzungen abhängig gemacht, die der Einzelne *nicht* beeinflussen kann), müssen i.d.R. schwere Gefahren für ein überragend wichtiges Gemeinschaftsgut nachweisbar vorliegen.

Das sind Gesichtspunkte der *Verhältnismäßigkeit*, bei Eingriffen in die Freiheit der Berufswahl besonders streng formuliert. Im Apothekenfall ging es um eine objektive Zulassungsvoraussetzung (Bedarfsprüfung bei der Zulassung neuer Apotheken), die verfassungswidrig war. In der Fallbearbeitung sollte man die Stufenlehre eigens erwähnen und kann sie kurz darlegen, eingearbeitet wird sie dann am besten in die Prüfung der Verhältnismäßigkeit. Weil es auf den gesetzgeberischen Zweck bei diesem Grundrecht besonders ankommt, sollte man diesen voranstellen.

Beispiel: Zulassung als Rechtsanwalt i.d.R. nur nach Bestehen der zweiten juristischen Staatsprüfung (§ 4 BRAO):

a) *Legitimer Zweck* der Regelung: Interesse der Allgemeinheit an einer funktionstüchtigen Rechtspflege, an qualifizierten Rechtsberatern und Rechtsvertretern.

b) *Die Eignung* der Regelung für diesen Zweck ist gegeben, weil die Staatsprüfung ein intensiver Qualitätstest ist.

c) *Erforderlichkeit* dieser subjektiven Zulassungsvoraussetzung: bloße Berufsausübungsregelungen für Rechtsanwälte würden nicht ausreichen, etwa die Pflicht, bei jeder Rechtsberatung ins Gesetzbuch zu schauen. Man muss es auch auslegen können.

d) *Angemessenheit:* Eine funktionstüchtige Rechtspflege ist ein besonders wichtiges Gemeinschaftsgut.[301] Zu deren Schutz ist auch eine solch' hohe Hürde für die Freiheit der Berufswahl zulässig. Auf die noch höhere Hürde einer objektiven Zulassungsvoraussetzung (Bedarfsprüfung) hat der Gesetzgeber bewusst verzichtet.

Unverhältnismäßige Eingriffe in die Berufsfreiheit enthielten aber manche Standesregeln für freie Berufe wie Rechtsanwälte, etwa strikte Werbeverbote oder strikte Verbote von Erfolgshonoraren,[302] gelegentlich aber auch Regeln zum *Schutz* der Rechtsanwälte wie das Verbot jeglicher Rechtsberatung durch Inkassounternehmen.[303] Art. 12 GG zwingt also zu verfassungskonformer Auslegung und Anwendung vieler Vorschriften über Berufszulassung und Berufsausübung,[304] aber auch von allgemeinen Regeln etwa der Strafverfolgung, wenn Rechtsanwälte betroffen sind.[305]

Geringere Bedeutung haben heutzutage die strikten Verbote von **Arbeitszwang und Zwangsarbeit** gem. Art. 12 Abs. 2 und 3 GG. Sie sind als Reaktion auf den Nationalsozialismus zu betrachten und werden eher zurückhaltend ausgelegt.[306] Nicht erfasst sind beispielsweise die Pflicht der Straßenanlieger zur Gehwegreinigung sowie die Verpflichtung von Straftätern durch Bewährungsauflagen oder die Arbeitspflicht im Strafvollzug. Man kann diese beiden Absätze des Art. 12 GG als eigen-

---

[301] BVerfGE 93, 213, 235 f.
[302] BVerfG, NJW 2007, 979.
[303] BVerfG, NJW 2002, 1190; BVerwG, NJW 2003, 2767.
[304] Z.B. BVerfG, NJW 2004, 2890 („Wunderheiler").
[305] BVerfG, DVBl 2007, 760 (Telefonüberwachung).
[306] *Jarass/Pieroth,* Art. 12 Rn. 113 ff.; *Epping,* Grundrechte, Rn. 424 f.

ständiges Grundrecht behandeln oder (wie hier) als Schranken-Schranke für Eingriffe in Art. 12 Abs. 1 bzw. Art. 2 Abs. 1 GG.[307]

Zusammenfassung: Die Berufsfreiheit (Art. 12 GG)

Funktion	Abwehrrecht, Wertentscheidung für freie Berufstätigkeit
Schutzbereich	freie Berufswahl und Ausübung, selbständig o. unselbständig, auf Dauer gegen Entgelt
Eingriff	unmittelbar, gezielt oder nur mittelbar bei berufsregelnder Tendenz
Schranke	**„Regelungsvorbehalt"** wirkt wie Gesetzesvorbehalt
Schranken-Schranken	Stufenlehre, Verhältnismäßigkeit, Arbeitszwang und Zwangsarbeit; *kein* Zitiergebot

📖 **Übungsfälle:** *Rast,* JuS 2017, 229 (anwaltliche Schockwerbung); *Handschell,* JURA 2010, 461 (Killerspiele); *Schoch,* Übungen, Fall 1 (bezahlter Sonderurlaub).

---

[307] Vgl. *Ipsen,* Staatsrecht II, Rn. 683 ff.

13. Kapitel: Unverletzlichkeit der Wohnung
(Art. 13 GG)

I. Funktion

Dieses Grundrecht dient dem Schutz der Privatsphäre, neben Art. 10 GG und dem Allgemeinen Persönlichkeitsrecht (APR). Letzterem gegenüber ist es spezieller und stärker, geht also vor. Hier wird nun die *räumliche* Privatsphäre geschützt, in die sich der Bürger zurückziehen kann, unbeobachtet vom Staat. Staatliche Eingriffe werden **abgewehrt**.

Das setzt voraus, dass man eine Wohnung hat, Art. 13 GG gewährt *keinen Anspruch* auf Beschaffung von Wohnraum, ist also kein sog. Leistungsrecht. Anders war das in Art. 155 WRV und Art. 37 der DDR-Verfassung. Trotzdem ist Art. 13 GG in der Wirkung stärker als diese WRV- und DDR- Artikel. Eine sog. Drittwirkung Privaten gegenüber besteht allerdings nur sehr eingeschränkt, insofern ist auf das BGB (§§ 858 ff.) und das StGB (§ 123) zu verweisen.[308]

Die zentrale Aussage enthält der sehr knapp formulierte Abs. 1, der sorgfältig ausgelegt werden muss. Sehr ausführlich formuliert sind dagegen die Absätze 3 – 7, die zum Teil Einzelheiten enthalten, die eigentlich nicht in eine Verfassung gehören, z.B. Abs. 3 S. 2-4. Sie sind Ergebnis eines schwierigen politischen Kompromisses aus dem Jahr 1998, als der „große Lauschangriff" zum Zweck der Strafverfolgung eingeführt wurde. Später wurde politisch und rechtlich über die sog. Online-Durchsuchung von Computern gestritten.[309]

---

[308] *Ipsen,* Staatsrecht II, Rn. 288.
[309] Dazu BVerfGE 120, 274 und *Hömig,* Jura 2009, 207.

II.   Schutzbereiche

1.)   Persönlich

Träger des Grundrechts sind die **Bewohner** der geschützten Räume,[310] also die unmittelbaren Besitzer, meist die Inhaber der Wohnung. Auf das Eigentum an der Wohnung kommt es nicht an. Bei mehreren Bewohnern gibt es auch mehrere Grundrechtsträger. Umstritten ist, ob der Besitz der Wohnung rechtmäßig sein muss.[311] Richtig dürfte sein, auch dem wirksam gekündigten Mieter den Schutz aus Art. 13 GG (zumindest der Polizei gegenüber) zu geben, anders als dem Hausbesetzer, der vor kurzem gegen § 858 BGB, § 123 StGB verstoßen hat.

Auch Ausländer genießen den Schutz aus Art. 13 GG. Darüber hinaus ist dieses Grundrecht auf **juristische Personen** i.S.d. Art. 19 Abs. 3 GG anwendbar, also auf privatrechtliche Firmen und Gesellschaften, nicht aber auf öffentlich-rechtliche juristische Personen oder Behörden, nicht einmal auf öffentlich-rechtliche Rundfunkanstalten, Universitäten oder Sparkassen.[312]

2.)   Sachlich

Entscheidend ist der Begriff „Wohnung". Er ist nach ganz herrschender Auffassung **weit auszulegen**, umfasst nicht nur den Wohnbereich nach herkömmlichen bürgerlichen Vorstellungen, sondern *alle Räume, die der allgemeinen Zugänglichkeit entzogen und zur Stätte des Lebens und Wirkens (von Menschen) gemacht sind.*[313] Diese Privatsphäre muss irgendwie nach außen *abgeschottet* sein, etwa durch Wände, Zäune oder Hecken, auch wenn diese leicht überwindbar sind. Ein Privat-

---

[310] *Epping,* Grundrechte, Rn. 653.
[311] Vgl. nur *Jarass/Pieroth,* GG, Art. 13 Rn. 6.
[312] *Jarass/Pieroth,* GG, Art. 13 Rn. 6; *Schmidt,* Grundrechte, Rn. 827.
[313] BGHSt 44, 138, 140; *Jarass/Pieroth,* GG, Art. 13 Rn. 4; *Epping,* Grundrechte, Rn. 667.

oder Geschäftsleben muss sich darin entfalten können. Auch Nebenräume werden erfasst, die mit der Wohnfunktion zusammenhängen.

Beispiele: Ein- oder Zweifamilienhaus einschließlich Keller, Speicher, Balkon, Terrasse, Garten, Garage (auf oder neben dem Grundstück); im Mehrfamilienhaus jedenfalls die Wohnungen im engeren Sinn einschließlich zugeteilter Keller- und Speicherabteile; Treppenhaus und Garten dann, wenn sich dort auch Privatleben entfalten kann.
Wohnwagen, Zelt, Hausboot, Hotelzimmer, eigenes Zimmer im Wohnheim.

Arbeits-, Betriebs- und Geschäftsräume wie Arztpraxen, Büros und Produktionsräume, weil auch diese wichtig sind für die vom Staat unbeobachtete Entfaltung der Persönlichkeit.[314] Träger des Grundrechts ist dort allerdings nur der Unternehmer, nicht der Arbeitnehmer.[315]
Manche nehmen sogar *allgemein zugängliche* Räume in den Schutzbereich, wie Verkaufsräume, Sportstadien und Schankräume von Gaststätten.[316] Das geht aber über den Schutzzweck des Art. 13 GG hinaus und führt zu erheblichen Problemen bei der Einschränkbarkeit, s.u. IV.

Nicht geschützt sind PKW, Strandkörbe, Massenschlafsäle, Hafträume[317], öffentliche Parkhäuser und vollautomatisch betriebene Lagerräume.

Dieser (relativ) weite Wohnungsbegriff entspricht deutscher Verfassungstradition und hat sich auch im Europarecht durchgesetzt,[318] so dass eine wesentliche Einengung in absehbarer Zeit nicht zu erwarten ist.

---

[314] BVerfGE 32, 54, 68 ff.; 76, 83, 88; 96, 44, 51; a.A. *Dreier,* GG, Art. 13 Rn. 26 f.
[315] BVerfG, NVwZ 2009, 1282.
[316] BVerwG, NJW 2005, 454; vgl. auch *Epping,* Grundrechte, Rn. 669.
[317] BVerfG, NJW 1996, 2643; *Jarass/Pieroth,* GG, Art. 13 Rn. 4.
[318] EGMR, NJW 2006, 1495; NJW 2010, 2109; *Meyer,* Charta der Grundrechte der EU, Art. 7 Rn. 23.

III. Eingriffe

Die räumliche Privatsphäre wird beeinträchtigt, wenn staatliche Organe ohne Einwilligung der Grundrechtsträger in geschützte Räume (körperlich) eindringen, dort verweilen, oder die Räume akustisch, optisch oder sonst wie elektronisch überwachen. Die „klassischen" Eingriffe sind das Betreten und/oder Durchsuchen durch Polizeibeamte. Bei wirksamer **Einwilligung** entfällt der Eingriff. Die Einwilligung darf aber nicht durch Drohung mit Zwang oder Vortäuschung eines Zutrittsrechts erwirkt worden sein.[319] Bei mehreren Berechtigten (z.b. Familie) genügt die Einwilligung nur einer Person (z.b. Ehefrau) nur dann, wenn angenommen werden kann, dass diese auch für die anderen sprechen darf, oder wenn es nur um den Raum dieser Person geht. Bei elektronischer Überwachung liegt ein Eingriff auch dann vor, wenn sich das Überwachungsgerät außerhalb des geschützten Raumes befindet, von dort aber Gespräche oder Bilder aufnimmt, die mit bloßem menschlichen Ohr oder Auge nicht wahrnehmbar wären.

Beispiele: Polizei- oder Finanzbeamte suchen in einer Wohnung oder in einem Büro nach Beweisen für Steuerhinterziehung; der Gerichtsvollzieher sucht nach pfändbaren Gegenständen; Polizei oder Feuerwehr betreten eine Wohnung, aus der Gas dringt; eine Wohnung wird abgehört mittels „Wanze" in der Steckdose oder Richtmikrofon von außen; eine Wohnung wird nachts observiert mittels Infrarotkamera durch die Fensterscheibe.[320] Auch eine „Online-Durchsuchung" eines in der Wohnung oder im Büro installierten Computers hätte als Eingriff in Art. 13 GG gewertet werden können.[321] Das BVerfG hat aber die dafür notwendige Infiltration eines informationstechnischen Systems überwiegend dem APR zugeordnet.[322]

---

[319] Vgl. *Jarass/Pieroth,* GG, Art. 13 Rn. 10.
[320] *Jarass/Pieroth,* GG, Art. 13 Rn. 8.
[321] *Kutscha,* NJW 2007, 1169.
[322] BVerfGE 120, 274; vgl. oben 5. Kapitel II 2.

Keine Eingriffe in Art. 13 GG sind die Wahrnehmung von Personen oder Gesprächen aus einem Garten heraus mit bloßem Auge oder Ohr, wenn sich der Beamte auf der Straße befindet. Der Grundrechtsinhaber hat insofern seinen Schutzbereich selbst (vorübergehend) aufgegeben. Das gilt auch, wenn er laut in seiner Wohnung schreit. Aufzeichnungen solcher Gespräche oder Bilder greifen aber zumindest in das APR ein.[323] *Kein* Eingriff in Art. 13 ist auch, wenn der hereingebetene Besucher (nur) über seine Identität getäuscht hat.[324] *Grenzfälle* sind Bildaufnahmen in Treppenhäusern von Wohnanlagen,[325] und die Beobachtung von Häusern mittels Ferngläsern.

Das Betreten von *Arbeits-, Betriebs- und Geschäftsräumen* ohne Einwilligung des Inhabers ist nach schulmäßigem Fallaufbau ein Eingriff jedenfalls dann, wenn diese Räume nicht allgemein zugänglich sind. Das ist Konsequenz des weiten Schutzbereichs, führt aber bei anlassunabhängiger **Nachschau** z.B. in Lebensmittelbetrieben zu erheblichen Konstruktionsproblemen im nächsten Abschnitt (IV.d). Die Rechtsprechung *verneint* deshalb einen Eingriff in Art. 13 GG bei der routinemäßigen Nachschau unter folgenden Bedingungen:[326] Betreten und Besichtigen für einen erlaubten Zweck (z.B. Hygieneüberwachung) auf Grund eines Gesetzes (z.B. LebensmittelG) während der Betriebszeiten durch zuständige Hoheitsträger.

Umstritten ist schließlich der Eingriff in Art. 13 GG bei *substanziellen* Maßnahmen wie Abriss oder Räumung einer Wohnung,[327] oder beim Hausverbot für den prügelnden Ehemann.[328] Zu prüfen ist jeweils, ob dabei die Privatheit der Wohnung ganz oder teilweise aufgehoben wird, ob dabei in die räumliche

---

[323] BGH, NJW 1997, 2189; NJW 1998, 1237.
[324] *Gnüchtel,* NVwZ 2016, 1113, 1116.
[325] BGH, NJW 1991, 2651.
[326] BVerfGE 32, 54, 75 ff.; BVerwG, NJW 2005, 454; dazu genauer *Epping,* Grundrechte, Rn. 664 f.
[327] BVerfGE 89, 1, 12; *Kingreen/Poscher,* Grundrechte, Rn. 1015.
[328] OVG Münster, NJW 2002, 2195; a.A. *Seiler,* VBlBW 2004, 93, 95.

Privatsphäre eingedrungen oder diese ausgeforscht wird. Nur dann liegt ein Eingriff in dieses Grundrecht vor.

IV. Einschränkbarkeit

1.) Schranken

Die Schranken des Art. 13 GG ergeben sich aus den Absätzen 2, 3, 4 und 7. Es handelt sich um **qualifizierte Gesetzesvorbehalte**, auch wenn die Formulierungen teilweise untypisch für den Gesetzesvorbehalt sind. Jeweils muss also ein Gesetz den Eingriff rechtfertigen, und jeweils kommen weitere Anforderungen hinzu.

a) *Durchsuchungen* (Abs. 2) muss grundsätzlich ein Richter anordnen. Durchsuchung ist das ziel- und zweckgerichtete Suchen nach Personen oder Sachen, die der Inhaber der Wohnung von sich aus nicht offen legen oder herausgeben will. Der Durchsuchungszweck kann z.B. straf- oder zivilprozessual, polizeirechtlich oder steuerrechtlich sein. Danach richtet sich die Eingriffsgrundlage. Jeweils ist aber der **Richtervorbehalt** genau zu beachten. Nur bei (wirklicher) Gefahr im Verzug dürfen auch andere staatliche Organe (z.B. Staatsanwalt, Polizei) Wohnungsdurchsuchungen anordnen, aber nicht mehr, wenn ein Richter schon mit dem Fall befasst ist.[329] Die Gerichte haben Vorkehrungen zu treffen, dass Richter für solche Anordnungen (zumindest zur Tageszeit) zur Verfügung stehen.[330] Grobe Verstöße dagegen können zu einem Beweisverwertungsverbot führen.[331] Ein richterlicher Haft- oder Vorführungsbefehl enthält nicht automatisch

---

[329] BVerfG, NJW 2015, 2787; BGH, NJW 2017, 1332.
[330] BVerfG, NJW 2001, 1121; NJW 2007, 1444..
[331] BVerfG, NJW 2007, 2269.

die Befugnis, Wohnungen nach dieser Person zu durchsuchen.[332]

b) *Akustische Überwachungen zur Strafverfolgung* (Abs. 3) mit technischen Mitteln dürfen überhaupt nur von Richtern angeordnet werden. Es muss um die Aufklärung besonders schwerer Straftaten gehen. Die Rechtsgrundlage für diesen „großen Lauschangriff" ist § 100 c StPO.

c) *Akustische und / oder optische Überwachungen zur Abwehr dringender Gefahren* (Abs. 4) mit technischen Mitteln stehen ebenfalls grundsätzlich unter Richtervorbehalt. Erstaunlicherweise sind die Anforderungen hier aber nicht so streng wie in Absatz 3. Rechtsgrundlagen dafür findet man vor allem in den Polizeigesetzen der Länder, aber auch im BKAG. Die Anwendung ist selten,[333] wie auch beim Absatz 3. Absatz 5 ist ein Unterfall von Absatz 4, es geht um den Personenschutzsender beim verdeckten Ermittler.

d) *Sonstige Eingriffe* in Art. 13 GG müssen sich auf Absatz 7 stützen, das gilt vor allem für das *Betreten* von Wohnungen. Betreten ist das Hineingehen mit einfacher Nach- und Umschau. Absatz 7 lässt das zu bei besonderen (qualifizierten) Gefahrenlagen, etwa Lebensgefahr für einzelne Personen, aber auch „zur *Verhütung* dringender Gefahren …". Umstritten ist, ob dafür schon eine konkrete Gefahr vorliegen muss, oder das Vorfeld einer solchen Gefahr genügen kann.[334] Dann ist die Nachschau in Betrieben leichter begründbar.

---

[332] Vgl. BVerfG, NJW 2000, 943; VerfGH Berlin, NJW 2014, 682.
[333] Ein Beispiel aber BVerfG, NJW 2012, 907.
[334] *Jarass/Pieroth*, GG, Art. 13 Rn. 37: konkrete Gefahr; a.A. BVerwG, NJW 2006, 2504, 2505.

116

2.)   Schranken-Schranken

Gesetze und Anordnungen im Einzelfall, die Eingriffe in Art. 13 GG zulassen, müssen hinreichend *bestimmt* sein, Voraussetzungen und Umfang der Eingriffe müssen für den Betroffenen und den Rechtsanwender erkennbar sein. Das gilt vor allem für die Durchsuchungsanordnung des Richters. Diese muss den Tatvorwurf (oder die Gefahrenlage), die zu durchsuchenden Räumlichkeiten sowie die aufzufindenden Sachen oder Personen bezeichnen.[335]

Bei elektronischer Überwachung ist der **unantastbare Kernbereich** des Art. 13 GG zu beachten. Zum Kernbereich privater Lebensgestaltung in Wohnungen gehören neben ganz vertraulicher Kommunikation auch Gefühlsäußerungen, Äußerungen des unbewussten Erlebens sowie Ausdrucksformen der Sexualität.

„Die Privatwohnung ist als „letztes Refugium" ein Mittel zur Wahrung der Menschenwürde. Dies verlangt zwar nicht einen absoluten Schutz der Räume der Privatwohnung, wohl aber absoluten Schutz des Verhaltens in diesen Räumen, soweit es sich als individuelle Entfaltung im Kernbereich privater Lebensgestaltung darstellt." [336] Das kann auch ein Selbstgespräch in einem Krankenzimmer sein.[337]

Abwägungen mit Strafverfolgungsinteressen finden dort nicht statt. Diesen Anforderungen wurde § 100 c Abs. 4 und 5 (jetzt § 100 d) StPO voll gerecht, § 20 h BKAG nur teilweise.[338] Denn auch bei präventiver Überwachung ist dieser Kernbereich zu beachten, z.B. in den Polizeigesetzen.[339]

---

[335] *Kruis/Wehofsky,* NJW 1999, 682.
[336] BVerfG, NJW 2004, 999, 1002.
[337] BGH, NJW 2005, 3295.
[338] BVerfG, NJW 2007, 2753; NJW 2016, 1781.
[339] *Trurnit,* Eingriffsrecht, 4. Aufl. Rn. 700.

Außerhalb dieses Bereichs gilt (wie immer) der Grundsatz der **Verhältnismäßigkeit**. Eingriffe in Art. 13 GG sind oft schwerwiegend und müssen dann für gewichtige öffentliche Interessen geeignet, erforderlich und angemessen sein. Die *Angemessenheit* von Durchsuchungen ist beispielsweise zweifelhaft, wenn es nur um einen vagen Tatverdacht[340] oder nur um Vorlage von Urkunden bei Behörden geht oder um Beweismittel für Ordnungswidrigkeiten, noch dazu bei Nichtbeschuldigten oder Rechtsanwälten.[341] Bei Rechtsanwälten ist zusätzlich Art. 12, bei Redaktionsräumen von Medienbetrieben ist zusätzlich Art. 5 GG zu berücksichtigen, s.o. S.72.

Neue Eingriffe in Art. 13 GG muss der Gesetzgeber jeweils *zitieren*, Art. 19 Abs. 1 S. 2 GG, entweder im Gesetzestext selbst (z.B. im PolG), oder im Gesetzblatt bei der Verkündung des Gesetzes.[342]

---

[340] BVerfG, NJW 2014, 1650.
[341] BVerfG, NJW 1999, 2176; NJW 2006, 3411; NJW 2007, 1804; NJW 2016, 1645.
[342] Z.B. im BGBl 2005 I S. 1846 bzgl. § 100 c StPO.

Zusammenfassung: Unverletzlichkeit der Wohnung (Art. 13 GG)

Funktion	Abwehrrecht
Schutzbereich	räumliche Privatsphäre = abgeschottete Stätte des Lebens und Wirkens (auch beruflich) einschl. Nebenräume
Eingriff	eindringen oder verweilen, elektronisch überwachen ohne wirks. Einwilligung
Schranken	qualifizierte Gesetzes- vorbehalte, Abs. 2-7, insbes. Richtervorbehalt Abs. 2-4
Schranken- Schranken	Bestimmtheit der Anordnung, unantastbarer Kernbereich, Verhältnismäßigkeit, Zitiergebot

📖 **Übungsfälle:** *Grote/Kraus*, Fall 5 (Kirchenasyl); *Degenhart,* Klausurenkurs I Fall 12 (Richtervorbehalt), Klausurenkurs II Fall 14 (Pressedurchsuchung); *Wißmann,* JuS 2007, 324, 426 (Grundfälle zu Art. 13 GG).

14. Kapitel: Eigentum und Erbrecht (Art. 14 GG)

I. Funktion

Die Möglichkeit, Eigentum zu erwerben und darüber zu verfügen, ist wesentliches Element eines freiheitlichen Staates. Sie gibt dem Menschen persönliche Freiheit auch in Vermögensangelegenheiten, gibt wirtschaftliche Betätigungsfreiheit. Das Erbrecht gibt Gestaltungsmöglichkeiten über den Tod hinaus. Die Gesellschaft und Wirtschaft des Staates werden durch Art. 14 GG stark geprägt, freie Marktwirtschaft wird dadurch möglich. So war es auch in der Weimarer Republik (Art. 153 f. WRV), während in der DDR die Bürger nur „persönliches" Eigentum hatten, die Produktionsmittel standen in „sozialistischem" Eigentum (Art. 9, 11 DDR-Verf.). Ob unsere Verfassung die Marktwirtschaft nicht nur ermöglicht, sondern sogar vorschreibt, ist wegen Art. 15 GG (Sozialisierung) fraglich, derzeit aber nicht von Belang.[343]

Art. 14 GG enthält jedenfalls eine *Einrichtungs- oder* **Institutsgarantie** für Privateigentum und Erbrecht, der Staat muss diese gewährleisten, entsprechende Rechtsinstitute schaffen.[344] Das Grundrecht Art. 14 ist sogar auf Ausgestaltung durch den Staat angewiesen, denn das Wesen von Eigentum und Erbrecht ist nicht von Natur aus vorgegeben wie etwa Leben oder körperliche Unversehrtheit, sondern muss durch Normen geprägt werden.[345] Notwendige *Ausgestaltung* durch den Gesetzgeber und Grundrechtseingriff durch den Gesetzgeber sind deshalb hier schwer gegeneinander abzugrenzen. Trotzdem ist Art. 14 GG zu prüfen wie die anderen Freiheitsrechte. Wie diese hat er auch die Funktion der **Abwehr** staatlicher Eingriffe.

---

[343] Dazu BVerfGE 50, 290, 338; *Sachs,* GG, Art. 14 Rn. 6; Art. 15 Rn. 2.
[344] *Epping,* Grundrechte, Rn. 415; *Jarass/Pieroth,* GG, Art. 14 Rn. 4, 90.
[345] Dazu ausführlich *Epping,* Grundrechte, Rn. 435 ff.

120

II. Schutzbereiche

1.) Persönlich

Der Wortlaut enthält keine Einschränkungen, geschützt sind alle Menschen und (inländische) juristische Personen des Privatrechts, denn Art. 19 Abs. 3 GG trifft auf diese ohne weiteres zu, allerdings nicht bzgl. des Erbrechts. Juristische Personen des öffentlichen Rechts können zwar zivilrechtlich ebenfalls Eigentum erwerben, eine Gemeinde z.B. ein Grundstück oder Geräte kaufen, unter den Schutz des Art. 14 GG fällt das aber nicht.[346]

2.) Sachlich

a) **Eigentum** nach der Verfassung ist also nicht deckungsgleich mit Eigentum nach dem BGB, obwohl stark davon geprägt. Hinsichtlich des Eigentums juristischer Personen des öffentlichen Rechts bleibt es dahinter zurück, hinsichtlich bloßer Forderungen oder sonstiger Vermögenspositionen geht es darüber hinaus. Wegen des Zwecks des Art. 14 GG, „dem Einzelnen die Entfaltung und eigenverantwortliche Lebensführung zu ermöglichen",[347] umfasst dieser neben dem Sacheigentum (§ 903 ff. BGB)

„alle vermögenswerten Rechte, die dem Berechtigten ebenso ausschließlich wie Eigentum an einer Sache durch die Rechtsordnung zur privaten Nutzung und zur eigenen Verfügung zugeordnet sind."[348]

Neben den sonstigen dinglichen Rechten (z.B. Pfandrecht, Grundschuld) gehören dazu vor allem Vorkaufsrechte, Urheberrechte, Patentrechte, Aktien, (privatrechtliche) Forderungen und das Besitzrecht des Mieters an der Wohnung, *nicht* aber das

---

[346] BVerfGE 61, 82, 100 ff.; *Ipsen,* Staatsrecht II, Rn. 718; *Jarass/Pieroth,* GG, Art. 14 Rn. 28.
[347] BVerfGE 51, 193, 218.
[348] BVerfGE 78, 58, 71.

Vermögen als Ganzes, auch nicht der Gewerbebetrieb als Ganzes, erst recht nicht bloße Gewinnaussichten und Erfolgschancen.[349]

Bei *öffentlich-rechtlichen* Ansprüchen des Bürgers gegen den Staat muss entsprechend dem gerade beschriebenen Zweck unterschieden werden, ob diese eine eigentumsähnliche Position verschaffen, weil sie hauptsächlich auf eigener Leistung beruhen, oder ob sie dem Fürsorgegedanken entspringen. Sie sind geschützt, wenn sie vermögenswert sind, ausschließlich einer bestimmten Person zugeordnet sind, (auch) auf dessen Eigenleistung beruhen und seiner Existenzsicherung dienen.[350] Das trifft zu auf *Rentenansprüche* aus der gesetzlichen Sozialversicherung und Anwartschaften hierauf, auch auf Arbeitslosengeld I, nicht aber auf Subventionen, Sozialhilfe und Kindergeld.[351] Für Beamtenpensionen gilt speziell Art. 33 Abs.5 GG.

b) Das **Erbrecht** umfasst das Recht des Erblassers, über sein Eigentum und Vermögen über den Tod hinaus zu verfügen (Testierfreiheit), sowie das Recht des Erben, die vererbten Gegenstände zu erlangen.[352] Es ist eine Ergänzung zur Eigentumsgarantie, aber nicht so bedeutend wie diese.

III. Eingriffe

Eingriffe liegen vor, wenn geschützte Positionen entzogen oder deren Nutzung, Verfügung oder Verwertung entzogen oder erheblich behindert werden. Das kann durch ein Gesetz oder eine

---

[349] BVerfGE 89, 1; *Epping,* Grundrechte, Rn. 448 ff.; *Kingreen/Poscher,* Grundrechte, Rn. 1039 ff.; *Dreier,* GG, Art. 14 Rn. 50 ff.
[350] BVerfGE 69, 272; 72, 175; 92, 365; 97, 271.
[351] *Jarass/Pieroth,* GG, Art. 14 Rn. 11 ff.; *Dreier,* GG, Art. 14 Rn. 62.
[352] BVerfGE 67, 329, 341; 91, 346, 360.

Maßnahme im Einzelfall geschehen, gezielt gegen eine Eigentumsposition oder auch nur mittelbar, faktisch.[353]

Beispiele: Sozialisierung von Produktionsmitteln durch Gesetz (Art. 15 GG), Enteignung bestimmter Grundstücke für den Bau einer Autobahn, Begrenzung der Vermieterrechte hinsichtlich Kündigung und Mieterhöhung, naturschutzrechtliche Nutzungsverbote gegenüber Grundstückseigentümern; Anordnung, ein Grundstück von sog. Altlasten zu befreien; Sperrung der einzigen Zufahrt, Tötung gefährlicher Hunde, strafrechtliche oder polizeirechtliche Einziehung von Gegenständen, Beschlagnahme von Gegenständen (aber nicht gegenüber dem Dieb).

Keine Eingriffe in Art. 14 GG sind Geldstrafen und Gebührenforderungen, denn dadurch ist (nur) das Vermögen als Ganzes betroffen.[354] Keine Eingriffe in Art. 14 GG (aber ggf. in andere Grundrechte) sind auch die Verbote, mit dem eigenen Auto schnell zu fahren oder die eigene Zigarette in der Gaststätte zu rauchen.

Steuerforderungen sind dann Eingriffe in Art. 14 GG, wenn sie an den Hinzuerwerb von Eigentum anknüpfen und so den privaten Nutzen der erworbenen Rechtsposition einschränken.[355]

Wenn es um Maßnahmen gegenüber Gewerbetreibenden geht, muss Art. 14 GG von Art. 12 GG abgegrenzt werden. Dabei gilt die Faustformel, dass Art. 14 GG das Erworbene, das Ergebnis einer Betätigung schützt, Art. 12 GG dagegen den Erwerb, die Betätigung selbst.

IV. Einschränkbarkeit

1.) Schranken

Hier muss zunächst festgestellt werden, welcher Art der Eingriff ist, ob Sozialisierung, (sonstige) Enteignung oder Inhalts- und

---

[353] *Jarass/Pieroth,* GG, Art. 14 Rn. 29 f.; *Dreier,* GG, Art. 14 Rn. 85.
[354] Vgl. BVerfGE 95, 267, 300; 96, 375, 397.
[355] BVerfG, NJW 2006, 1191, 1193.

Schrankenbestimmung. Weil die Sozialisierung (Art. 15 GG) derzeit ohne Bedeutung ist, wird darauf nicht näher eingegangen. Weil die Enteignung gegenüber der Inhalts- und Schrankenbestimmung der spezielle, meist auch der schwerere Eingriff ist, sollte man damit beginnen. Die Abgrenzung richtet sich nach *Ziel und Form* der Maßnahme, nicht (mehr) nach deren Intensität.

a) Eine **Enteignung** ist auf die vollständige oder teilweise Entziehung konkreter subjektiver Eigentumspositionen zur Erfüllung bestimmter öffentlicher Aufgaben gerichtet.[356] Sie kann nur durch hoheitlichen Rechtsakt, nicht durch Realakt vorgenommen werden. Sie darf gem. Art. 14 Abs. 3 GG nur *durch Gesetz oder auf Grund eines Gesetzes* erfolgen, das Art und Ausmaß der Entschädigung regelt. Diese Schranke mit sog. Junktimklausel stellt einen **qualifizierten Gesetzesvorbehalt** dar. Enteignungen unmittelbar durch Gesetz (Legalenteignungen) sind selten. Häufiger ist die Enteignung durch Verwaltungsakt (Administrativenteignung) auf Grund eines Gesetzes in einem förmlichen Enteignungsverfahren.[357] Das geschieht z.B. beim Bau neuer Fernstraßen, Schienenwege oder Flughäfen gem. § 19 FStrG, § 22 AEG, § 28 LuftVG oder §§ 93 ff., 104 ff. BauGB und den Enteignungsgesetzen der Länder. Ein Enteignungsgesetz ohne Entschädigungsregelung ist verfassungswidrig, hierauf gestützte Maßnahmen sind rechtswidrig. Der Bürger sollte sich dagegen wehren, nicht auf Entschädigung gem. Abs. 3 hoffen.[358]

b) **Inhalt und Schranken** werden durch die Gesetze **bestimmt**, Art. 14 Abs. 1 S. 2 GG. Das erfasst die sonstigen Eingriffe und wirkt wie ein *einfacher Gesetzesvorbehalt*. Inhaltliche Bestimmungen wirken für die Zukunft, Schrankenbestimmungen be-

---

[356] BVerfGE 70, 191, 199 f.; 72, 66, 76; 102, 1, 15.
[357] *Ipsen*, Staatsrecht II, Rn. 756; *Jarass/Pieroth*, GG, Art. 14 Rn. 79.
[358] BVerfGE 58, 300, 324 („Nassauskiesung").

124

treffen bestehendes Eigentum.[359] Der Gesetzgeber hat hier große Gestaltungsmöglichkeiten, weil Art. 14 GG eben ein normgeprägtes Grundrecht ist, s.o. Abschnitt I. Abs. 1 S.
2 enthält zwar nicht den sonst üblichen Zusatz „auf Grund eines Gesetzes" (durch die Exekutive), dennoch ist anerkannt, dass auch
Maßnahmen der Verwaltung, die nicht Enteignungen sind, auf
diesen Passus gestützt werden.[360] Im Ergebnis gilt diese
Schranke damit für eine Vielzahl von Eingriffen in Art. 14 GG.

Beispiele: Der Waldeigentümer muss anderen Menschen das Betreten
des Waldes zum Zweck der Erholung gestatten. Der Grundstücks-
eigentümer darf (entgegen § 903 BGB) nicht nach Belieben mit dem
Grundwasser verfahren (§ 47 WHG) und nicht nach Belieben Emiss-
ionen ausstoßen, er muss die Durchleitung von Trinkwasserleitungen
dulden, er haftet für sog. Altlasten auf seinem Grundstück. Der Gesetzgeber verbietet Mietzinserhöhungen um mehr als 20 % gem. § 558
BGB. Auch einschneidende Maßnahmen der Exekutive oder Justiz im
Einzelfall werden i.d.R. als bloße Inhalts- und Schrankenbestimmung
qualifiziert, wie Tötung eines gefährlichen Hundes, strafrechtliche oder
polizeirechtliche Einziehung von Gegenständen, strafrechtlicher Verfall
von Gegenständen.[361]

Rechtlich und politisch spannend war die Frage, ob das 13. Gesetz zur
Änderung des Atomgesetzes vom 31.7.2011 (sog. *Atomausstieg*) auch
eine bloße Inhalts- und Schrankenbestimmung ist oder ein Enteignungsgesetz (gegenüber den Kraftwerksbetreibern) ohne Entschädigungsregelung. Das BVerfG hat darin *keine* Enteignung gesehen, trotzdem neue Ausgleichsregelungen verlangt.[362] Nun entscheidet darüber noch das Schiedsgericht der Weltbank (ICSID).

Die Einschränkungsmöglichkeit *Inhalts- und Schrankenbestimmung* besteht auch gegenüber dem Erbrecht.

---

[359] *Epping,* Grundrechte, Rn. 449 ff.
[360] *Kingreen/Poscher,* Grundrechte, Rn. 1066.
[361] Zu einzelnen Beispielen: BVerfGE 58, 300; 71, 230; BVerfG, NJW
1996, 246; 2000, 2573; 2004, 2073; BVerfG, NVwZ 2007, 707.
[362] BVerfG, NJW 2017, 217; a.A. *Battis/Ruttloff,* NVwZ 2013, 817.

c) Weitere Arten von Eingriffen und deren evtl. Rechtfertigung sind hier nicht zu prüfen. Das gilt insbes. für sog. enteignende oder enteignungsgleiche Eingriffe. Wenn es dafür überhaupt noch einen Anwendungsbereich gibt, dann bei der Frage einer Entschädigung außerhalb Art. 14 GG.[363]

2.) Schranken-Schranken

Weil Art. 14 GG auch eine Institutsgarantie ist (s.o. Funktion), darf Eigentum und Erbrecht nicht ganz abgeschafft werden, muss ein Grundbestand von Normen bleiben, die dieses Institut sichern.[364] Diese äußerste Grenze ist derzeit nicht gefährdet. Eine absolute Obergrenze für die Gesamtbelastung mit Einkommens- und Gewerbesteuer (etwa 50%) ergibt sich aus Art. 14 GG nicht.[365]

Im Übrigen gilt der Grundsatz der **Verhältnismäßigkeit** für alle Eingriffe durch Gesetz oder auf Grund eines Gesetzes, die also geeignet (für einen legitimen Zweck), erforderlich und angemessen sein müssen. Gesichtspunkte der Angemessenheit sind hier zusätzlich

    a)   *Sozialbindung* des Eigentums Art. 14 Abs. 2 GG. Je stärker der soziale Bezug des Eigentumsobjekts ist (z.B. Mehrfamilien-Wohnhaus), desto eher sind Einschränkungen gerechtfertigt.

    b)   *Vertrauensschutz* für wohlerworbene Rechte (z.B. unbefristete Genehmigung eines Kraftwerks). Dann können solche Rechte i.d.R. nicht mit sofortiger Wirkung beseitigt werden, sondern *Übergangsregelungen* sind zu schaffen.[366]

---

[363] *Kingreen/Poscher* Grundrechte, Rn. 1086 ff.
[364] *Kingreen/Poscher,* Grundrechte, Rn. 1091.
[365] BVerfG, NJW 2006, 1191; *Ipsen,* Staatsrecht II, Rn. 728.
[366] BVerfG, NJW 2017, 217.

c) Wenn das nicht ausreicht oder nicht möglich ist, besteht evtl. eine *Ausgleichspflicht in Geld*, unabhängig von Art. 14 Abs. 3 GG, aber nur auf gesetzlicher Grundlage.

Beispiele: Aus Gründen des Denkmalschutzes darf E sein 800 Jahre altes Wohnhaus weder abreißen noch grundlegend umgestalten, sondern muss es in einem Zustand erhalten, der für ihn kaum Nutzwert hat. - E hat gutgläubig ein Betriebsgrundstück erworben, in dem erhebliche Altlasten (Chemikalien oder Militär-Kampfmittel) ruhen, die er nun beseitigen muss. Die Kosten der Sanierung übersteigen den Wert des Grundstücks.[367]

Hier ist jeweils zu prüfen, ob der Staat selbst die Aufgabe übernimmt, die Verpflichtung des Eigentümers begrenzt wird oder ein Geldausgleich geleistet wird. Letzteres überwiegt (nur) im Naturschutzrecht bei gravierenden Nutzungsbeschränkungen.[368] Im Polizeirecht wird Geldentschädigung dem *Nichtstörer* gewährt, wenn dieser (ausnahmsweise) in Anspruch genommen wird, wenn beispielsweise eine Wohnung beschlagnahmt wird, um zu verhindern, dass eine Familie obdachlos wird. Ansonsten ist Geldentschädigung bei wirklichen Enteignungen gem. Art. 14 Abs. 3 GG vorgesehen, nicht bei Inhalts- und Schrankenbestimmungen, auch wenn diese schwer wiegen, wie etwa die erleichterte strafrechtliche Gewinnabschöpfung.[369]

Schwer wiegende Eingriffe sind auch in das Erbrecht möglich, etwa eine starke Besteuerung der Erbschaft.[370]

Eine *Zitierpflicht* (Art. 19 Abs. 1 S. 2 GG) besteht für solche Regelungen nicht.

---

[367] Vgl. BVerfG, NJW 1999, 2877; NJW 2000, 2573; OVG Lüneburg, NVwZ-RR 2006, 397.
[368] *Epping,* Grundrechte, Rn. 490; vgl. § 58 NatSchG BW.
[369] BVerfG, NJW 2004, 2073.
[370] *Jarass/Pieroth,* GG, Art. 14 Rn. 97.

Zusammenfassung: Eigentum und Erbrecht (Art. 14 GG)

Funktion	Institutsgarantie, Abwehrrecht
Schutzbereiche	Privatrechtl. vermögenswerte Rechte, Rentenansprüche
	Testierfreiheit, Erbrecht
Eingriff	durch Gesetz oder auf Grund eines Gesetzes, gezielt oder faktisch
Schranken	Enteignung durch Rechtsakt gegen Entschädigung, Inhalts- und Schrankenbest. durch oder auf Grund Gesetz
Schranken-Schranken	Institutsgarantie, Verhältnismäßigkeit mit Sozialbindung, Vertrauensschutz

Übungsfälle: *Krämer-Hoppe,* JuS 2017, 846 (sharing economy); *Degenhart,* Klausurenkurs I Fall 20 (Eigenjagdbezirke); *Schoch,* Übungen, Fall 9 (Naturschutz).

15. Kapitel: Gleichheitsrechte (Art. 3 GG)

I. Funktion

Die Gleichheit der Menschen war ein großes Anliegen der französischen Revolution, die Vorrechte des Adels wurden beseitigt. Auch in Deutschland richtete sich der verfassungsrechtliche Gleichheitssatz zunächst gegen Vorrechte bestimmter Stände, vor allem des Adels, vgl. Art. 109 Abs. 3 WRV. Das ist heutzutage nicht mehr das Hauptproblem.

Die *Auslegung* des Art. 3 GG bereitet immer noch große Schwierigkeiten, viele Bewertungen fließen zwangsläufig hinein. Die einzelnen Prüfungsschritte sind nicht so klar trennbar wie bei den Freiheitsrechten. Immerhin gibt es einen üblichen Aufbau, an dem sich die vorliegende Darstellung orientiert.

„Alle Menschen sind vor dem Gesetz gleich" (Art. 3 Abs. 1 GG) ist nicht nur als Feststellung gemeint, sondern bindet alle drei Staatsgewalten als unmittelbar geltendes Recht, Art. 1 Abs. 3 GG, also auch den Gesetzgeber selbst. Dieser muss gleiche Chancen gewähren, nicht auch gleiche Ergebnisse herstellen, die Rechtsanwender müssen rechtlich Gleiches auch gleich behandeln. Eventuelle Konflikte mit den Freiheitsrechten sind nicht verfassungsrechtlicher, sondern politischer Art.[371]

Für den Bürger hat Art. 3 GG hauptsächlich zwei Funktionen: **Abwehr** staatlicher Ungleichbehandlungen und **Teilhabe** an staatlichen Leistungen, die anderen gewährt werden und auf die man angewiesen ist.[372] Das greift bei staatlichen oder gemeindlichen Monopolen (z.B. Wasserversorgung) oder monopolähnlichen Strukturen (z.B. Studienplatzvergabe, vgl. oben S. 103).

---

[371] *Kingreen/Poscher,* Grundrechte, Rn. 517; *Ipsen,* Staatsrecht II, Rn. 795.
[372] *Epping,* Grundrechte, Rn. 773 f.

Zwischen Privatleuten und Firmen gilt Art. 3 GG nicht, jedenfalls nicht unmittelbar, vielmehr herrscht zwischen diesen Vertragsfreiheit. So darf etwa der Hotelbetreiber seine Gäste frei auswählen,[373] wogegen der Veranstalter von Großveranstaltungen schon nicht mehr ganz frei ist.[374] Nur im Arbeitsrecht wird Art. 3 aber *unmittelbare* Bedeutung zugesprochen, weil dort die Arbeitnehmer besonders schutzbedürftig sind.[375] Wenn der Gesetzgeber auch in anderen Rechtsbereichen die Vertragsfreiheit einschränkt, z.B. durch das „Allgemeine Gleichbehandlungsgesetz",[376] ist das nicht durch Art. 3 GG geboten, sondern politisch gewollt.

II. Allgemeiner Gleichheitssatz (Art. 3 Abs. 1 GG)

Geschützt sind nicht nur alle Menschen, sondern wegen Art. 19 Abs. 3 GG auch inländische juristische Personen des Privatrechts, also z.B. eine AG oder GmbH, aber auch OHG und KG. Für juristische Personen des öffentlichen Rechts gilt das nicht.[377] Bis hierher kann also wie bei den Freiheitsrechten geprüft werden, nun geht es aber etwas anders weiter.

1.) Rechtlich relevante Ungleichbehandlung

Nicht jede Ungleichbehandlung ist rechtlich relevant, d.h. von Belang. Völlige Gleichheit kann und soll auch gar nicht hergestellt werden. Das BVerfG verlangt, dass *wesentlich Gleiches* gleich behandelt wird.[378] Bewertungen sind also schon hier erforderlich, wenn Sachverhalte miteinander verglichen werden, es müssen die richtigen **Vergleichsgruppen** gebildet werden.

---

[373] BGH, NJW 2012, 1725.
[374] BVerfG, NJW 2018, 1667 (Fußball-Bundesliga): *mittelbare* Wirkung.
[375] Vgl. *Jarass/Pieroth*, GG, Art. 3 Rn. 61 f.; *Sachs,* GG, Art. 3 Rn, 192.
[376] BGBl 2006 I S. 1897.
[377] *Ipsen*, Staatsrecht II, Rn. 798; *Sachs,* GG, Art. 3 Rn. 73.
[378] BVerfGE 76, 256, 329; 78, 249, 287; 84, 133, 158; 86, 81, 87.

Um zwei oder mehr Sachverhalte rechtlich miteinander zu vergleichen, müssen diese demselben staatlichen Kompetenzbereich angehören und einem gemeinsamen Oberbegriff zugeordnet werden können.

a) **Kompetenzbereich:** Die Gesetzgebung ist zwischen Bund und Ländern verteilt gem. Art. 70 ff. GG nach bestimmten Sachgebieten. Nur innerhalb des so geregelten Sachgebiets kann durch denselben Gesetzgeber Ungleichbehandlung stattfinden. Entsprechendes gilt für Rechtsprechung und Verwaltung.[379] Ungleichbehandlung liegt vor, wenn die Verwaltung innerhalb ihres Kompetenzbereichs gleiche Sachverhalte verschieden behandelt, nicht aber, wenn die Verwaltung des Bundeslandes A ihr Ermessen anders ausübt als die Verwaltung des Bundeslandes B.

Beispiele: Ungleichbehandlung ist, wenn der Bundesgesetzgeber im BtMG den Besitz bestimmter Drogen unter Strafe stellt, den Besitz von Alkohol aber nicht; wenn der Landesgesetzgeber im Gaststättengesetz das Rauchen in Speisegaststätten verbietet, in sog. Eckkneipen aber nicht;[380] wenn die Verwaltung die Einhaltung des Rauchverbots in Pizzerien überprüft, in Nobelgaststätten aber nicht.

Keine Ungleichbehandlung im Rechtssinn liegt vor, wenn im Bundesland A das Rauchen in Gaststätten verboten wird, im Bundesland B aber nicht. Das ist Folge der bundesstaatlichen Ordnung Deutschlands. Keine Ungleichbehandlung ist auch, wenn die (zuständige) Kreisverwaltung C das Rauchverbot (in ihrem Kreis) stärker überprüft als die Kreisverwaltung D. Wenn der Verwaltung (wie hier) Ermessen eingeräumt ist, liegt Ungleichbehandlung nur vor, wenn dieser Spielraum eingeschränkt ist durch Selbstbindung, etwa durch Verwaltungsvorschriften,[381] oder wenn wie oben gezielt Unterschiede bzgl. der Betroffenen gemacht werden.

---

[379] *Jarass/Pieroth,* GG, Art. 3 Rn. 9.
[380] vgl. BVerfG, NJW 2008, 2409.
[381] *Epping,* Grundrechte, Rn. 792; *Sachs,* GG, Art 3 Rn. 118 f.

b) **Oberbegriff:** Die Vergleichsgruppe muss einem möglichst eng gefassten sinnvollen Oberbegriff zugeordnet werden können. Rechtlich können hier durchaus Äpfel mit Birnen verglichen werden, beide gehören zum „Kernobst". Alkohol und Cannabis können dem Begriff „Drogen" zugeordnet werden. Zu weit wäre aber ein Oberbegriff „gefährliche Stoffe", der neben solchen Drogen auch vielerlei Chemikalien enthielte. Hier muss eben bewertet werden, was *wesentlich* gleich ist. Dafür gibt es keine strikt logische Grenze.

Ungleichbehandlungen gibt es vielfach (durch den Gesetzgeber) im *Steuerrecht,* wo nicht alle Gewinne und Einkünfte gleich hoch belastet werden, sondern bewusst Unterschiede gemacht werden bzgl. Herkunft der Einnahmen, Absetzbarkeit bestimmter Aufwendungen, Familienstand des Steuerschuldners usw., oder auch der Besitz bestimmter Luxusgüter besteuert wird, anderer nicht. Ungleichbehandlungen gibt es auch durch die Finanzverwaltung (in deren jeweiliger Zuständigkeit). Beruht die ungleiche Belastung der Steuerschuldner im Ergebnis auf der *rechtlichen Gestaltung* des Erhebungsverfahrens, liegt wiederum Ungleichbehandlung durch den Gesetzgeber vor.[382]

Laut BVerfG verbietet Art. 3 Abs. 1 GG auch, „wesentlich Ungleiches willkürlich gleich zu behandeln".[383] Das ist schon wegen des Wortlauts der Norm fragwürdig, und würde den Gesetzgeber zu immer weiteren Differenzierungen zwingen. Die praktischen Fälle können bei richtiger Wahl der Vergleichsgruppen auf den Kernsatz des Art. 3 Abs. 1 GG zurückgeführt werden, wie in der Literatur nachgewiesen wird.[384]

---

[382] BVerfG, NJW 1991, 2129; NJW 2004, 1022 (Kapitalertragssteuer, Spekulationsgewinne).
[383] BVerfGE 49, 148, 165; 90, 226, 239; 98, 365, 385.
[384] *Kingreen/Poscher,* Grundrechte, Rn. 525 f.; *Epping,* Grundrechte, Rn. 790.

132

2.) Verfassungsrechtliche Rechtfertigung

Obwohl Art. 3 Abs. 1 GG selbst keine Rechtfertigung für Ungleichbehandlungen erwähnt, ist allgemein anerkannt, dass es Rechtfertigungen gibt, sogar in weitem Umfang.

a) Mindestvoraussetzung: sachlicher Grund

Ungleichbehandlungen dürfen *nicht willkürlich* sein, vielmehr müssen sich vernünftige Erwägungen bzw. sachliche Gründe finden lassen, die sich aus der Natur der Sache ergeben oder sonst einleuchtend sind.[385] Solche Gründe sind vielfältig, sie können auch praktischer und finanzieller Art sein. Vor allem der Gesetzgeber hat hier einen weiten Gestaltungsspielraum.[386]

Beispiele: Der Gesetzgeber kann die Besteuerung von Kraftfahrzeugen abhängig machen vom Hubraum des Motors, von der Leistung oder vom Schadstoffausstoß, je nach Praktikabilität und/oder ökologischem Lenkungszweck. Er kann die KFZ-Steuer auch abschaffen und stattdessen die Mineralölsteuer erhöhen. Jeweils werden dabei KFZ-Halter ungleich belastet. Die Gemeinde erhebt für das Halten von Kampfhunden einen erheblich höheren Steuersatz als für sonstige Hunde.[387] Die Verwaltung überprüft die Einhaltung des Rauchverbots nur in den Gaststätten, über die (sachliche) Beschwerden vorliegen. Auch das ist ein sachlicher Grund. *Keinen* sachlichen Grund mehr erkennt das BVerfG dafür, (homosexuelle) eingetragene Lebenspartnerschaften steuer- und beamtenrechtlich schlechter zu stellen als die (heterosexuelle) Ehe.[388]

Als sachliche Gründe ausgeschlossen sind die in Art. 3 Abs. 2 und 3 GG genannten, insbes. das Geschlecht, wegen des Vorrangs dieser Absätze, vgl. Abschnitt II.

---

[385] BVerfGE 10, 234, 246.
[386] *Epping,* Grundrechte, Rn. 796; *Dreier,* GG, Art. 3 Rn. 75.
[387] BVerwG, DVBl 2000, 918.
[388] BVerfG, NJW 2012, 2719; NVwZ 2012, 1304; NJW 2013, 2257; vgl. auch 16. Kapitel I 2.

b)　„Neue Formel": Verhältnismäßigkeit

Bei Ungleichbehandlungen *größerer Intensität* verlangt das BVerfG (zusätzlich) eine Art Verhältnismäßigkeitsprüfung. Nach der sog. neuen Formel ist das Gleichheitsgebot verletzt,

„wenn eine Gruppe von Normadressaten im Vergleich zu anderen Normadressaten anders behandelt wird, obwohl zwischen beiden Gruppen keine Unterschiede von solcher Art und solchem Gewicht bestehen, dass sie die ungleiche Behandlung rechtfertigen könnten".[389]

Angesichts der da enthaltenen vielen Bewertungen ist diese Formel schwer zu handhaben, empfohlen wird eine Prüfung der Verhältnismäßigkeit ähnlich wie bei den Freiheitsgrundrechten.[390] Die Ungleichbehandlung muss also für einen legitimen Zweck *geeignet, erforderlich und angemessen* sein.

Bewertung erfordert auch schon die Feststellung, dass die Ungleichbehandlung von *größerer Intensität* ist. Bei *personenbezogenen* Ungleichbehandlungen liegt das näher als bei sachbezogenen Ungleichbehandlungen. Im Zweifel sollte man die Verhältnismäßigkeitsprüfung durchführen.

Beispiel: Die Einziehung nur weniger tauglich gemusterter Wehrpflichtiger zur Bundeswehr (durch die Verwaltung) war eine Ungleichbehandlung gegenüber den nicht eingezogenen Tauglichen, sie war von großer Intensität. Sie war unverhältnismäßig und verstieß gegen die Wehrgerechtigkeit, wenn nicht die Zahl derjenigen, die tatsächlich Wehrdienst leisteten, der Zahl derjenigen nahe kam, die nach dem Wehrpflichtgesetz zur Verfügung standen. Der Gesetzgeber war aber nicht gehindert, durch Änderung des Wehrpflichtgesetzes (und Schaffung weiterer Befreiungstatbestände) die Zahl der Verfügbaren entsprechend zu vermindern.[391]

---

[389] BVerfGE 55, 72, 88; 105, 73, 110; *Britz,* NJW 2014, 346.
[390] *Kingreen/Poscher,* Grundrechte, Rn. 530; *Epping,* Grundrechte, Rn. 785; a.A. *Ipsen,* Staatsrecht II, Rn. 813.; *Dreier,* GG, Art. 3 Rn. 26 ff.
[391] BVerwG, NJW 2005, 1525; VG Köln, NJW 2004, 2609.

Das BVerfG hat demgegenüber in letzter Zeit einige Gesetze wegen Verstoßes gegen Art. 3 Abs. 1 GG beanstandet.[392] Einige dieser Urteile haben Kritik ausgelöst.[393]

III.　Spezielle Gleichheitssätze Art. 3 Abs. 2 und 3 GG

Spezielle Gleichheitssätze gehen dem allgemeinen Gleichheitssatz vor, das gilt für Art. 3 Abs. 2, 3, wie auch für Art. 6 Abs. 5, Art. 33 und Art. 38 GG.[394] Art. 3 Abs. 2 und 3 GG können zusammen geprüft werden, erklären Männer und Frauen für gleichberechtigt, und verbieten Ungleichbehandlungen wegen des Geschlechts (Mann, Frau oder „inter/divers"),[395] der Abstammung (welche Vorfahren?), Rasse (vermeintlich biologisch vererbbare Merkmale), Sprache (Muttersprache), Heimat (örtliche Herkunft), der (sozialen) Herkunft, des Glaubens (Art. 4 GG) und der politischen Anschauungen. Behinderte (körperlich, geistig oder seelisch) dürfen auch nicht benachteiligt, wohl aber bevorzugt werden.[396]

1.)　Ungleichbehandlung

Wenn *wegen* eines dieser verbotenen Kriterien ungleich behandelt wird, liegt ein Eingriff in das Grundrecht vor. Das Kriterium darf nicht *Ursache* der Ungleichbehandlung sein, es darf nicht als *Anknüpfungspunkt* dafür herangezogen werden, auch dann nicht, wenn eine Ungleichbehandlung in erster Linie andere Ziele verfolgt,[397] wenn beispielsweise zum Schutz des Embryos verboten wird, während der Schwangerschaft zu arbeiten.

---

[392] Z.B. BVerfG, NJW 2013, 847; NJW 2015, 303; NJW 2018, 1451.
[393] Vgl. nur *Bäcker,* DVBl 2008, 1180 zum Rauchverbot in Gaststätten.
[394] *Jarass/Pieroth,* GG, Art. 3 Rn. 2.
[395] BVerfG, Beschl. v. 10.10.2017 – 1 BvR 2019/16, NJW 2018, 877.
[396] BVerfGE 96, 288, 302 f.
[397] BVerfGE 85, 191, 206.

2.) Rechtfertigung

Auch die Absätze 2 und 3 des Art. 3 GG stehen nicht unter Gesetzesvorbehalt oder sonstiger ausdrücklicher Einschränkungsmöglichkeit. Wie bei den vorbehaltslosen Freiheitsrechten (z.B. Art. 4 GG) wird hier aber **kollidierendes Verfassungsrecht** als Rechtfertigungsmöglichkeit gesehen.[398] So erlaubt Art. 12 a GG den Wehrdienst nur für Männer, Art. 140 GG i.V.m. Art. 136 ff. WRV gewisse Bevorzugungen von Religionsgesellschaften,[399] und könnte die Schutzpflicht des Staates für Art. 2 Abs. 2 GG dazu führen, Mädchen aus bestimmten afrikanischen Staaten (*wegen der Heimat*) vor Genitalverstümmelung besonders zu schützen. Staatliche Eingriffsmaßnahmen benötigen aber wie immer zusätzlich eine Rechtsgrundlage im einfachen Recht, und müssen (wie immer) verhältnismäßig sein.

Die größte Bedeutung hatte in den letzten Jahren und Jahrzehnten die **Gleichberechtigung** von *Männern und Frauen*. Rechtliche Ungleichbehandlungen gab und gibt es immer wieder, beispielsweise bei der Bundeswehr, Feuerwehr, im Strafvollzug, beim Arbeitsschutz, im Ausländerrecht und bei der Einstellung in den öffentlichen Dienst. Frauen wurden dabei mal benachteiligt, mal bevorzugt. Wenn der Staat dabei (nur) „die tatsächliche Durchsetzung der Gleichberechtigung fördert … und auf die Beseitigung bestehender Nachteile hinwirkt" (Art. 3 Abs. 2 S.2 GG), ohne bestimmte Männer zu benachteiligen, bedarf es keiner weiteren Rechtfertigung. Das ist z.B. beim Ausbau der Kleinkinderbetreuung der Fall sowie bei der besonderen Förderung der Betriebsgründung im Handwerk durch Frauen.[400]

---

[398] BVerfGE 92, 91, 109; *Jarass/Pieroth,* GG, Art. 3 Rn. 93.
[399] *Epping,* Grundrechte, Rn. 848.
[400] BVerwG, NVwZ 2003, 92.

Ansonsten bedarf es der Rechtfertigung durch kollidierendes Verfassungsrecht (s.o.) oder der Feststellung, dass die Ungleichbehandlung der Lösung eines Problems dient, das *seiner Natur nach nur entweder bei Männern oder bei Frauen auftreten kann,* und dafür zwingend erforderlich ist.[401] Solche Probleme können sich nur aus biologischen Unterschieden ergeben, nicht (mehr) aus überkommenen Rollenverteilungen, also fast nur aus Schwangerschaft, Geburt und anschließendem Stillen. Die meisten gerichtlich überprüften Ungleichbehandlungen ließen sich nicht rechtfertigen.

Beispiele: *Verfassungswidrig* ist ein Nachtarbeitsverbot nur für Frauen; eine Feuerwehrdienstpflicht nur für Männer; die Koppelung eines Aufenthaltsrechts des ausländischen Kindes nur an das Aufenthaltsrecht der Mutter; die Anordnung nur gegenüber männlichen Beamten, die Haare zu kürzen; bei Haarausfall die Gewährung von finanzieller Beihilfe für eine Perücke nur für Frauen; die zwingende Bevorzugung von Frauen bei gleicher Eignung im öffentlichen Dienst.[402]
Verfassungsgemäß sind dagegen besondere Schutzvorkehrungen für Mütter und werdende Mütter, auch die Einziehung nur von Männern zum Wehrdienst (Art. 12 a GG). Verfassungsgemäß ist laut BAG auch die Ablehnung eines Mannes als Erzieher nachts in einem staatlichen Mädcheninternat.[403]

3.)   Weitere Anforderungen?

Im „Allgemeinen Gleichbehandlungsgesetz" (AGG) aus dem Jahr 2006 hat der Bundestag noch weitere Verbote von Benachteiligungen verfügt, die auch im Zivilrecht wirken sollen, und Benachteiligungen auch wegen ethnischer Herkunft, Alter oder „sexueller Identität" verhindern sollen. Eine neue

---

[401] BVerfGE 85, 191, 207; 92, 91, 109.
[402] Zu den Beisp.: BVerfG, NVwZ 2006, 324; BVerwG, DÖV 2006, 694; NVwZ 2011, 1270; OVG Münster, NVwZ 1996, 495, OVG Lüneburg, NVwZ 1996, 497; fragwürdig: BVerwG, NVwZ-RR 2014, 767.
[403] BAG, NJW 2009, 3672.

Antidiskriminierungsstelle des Bundes und die Zivilgerichte[404] wachen darüber. Das geht über die Gebote des Art. 3 GG hinaus, auch über das europarechtlich Gebotene.[405] Politisch ist das allerdings möglich.

Zusammenfassung: Gleichheitsrechte (Art. 3 GG)

Art. 3 Abs. 1	Allgemeiner Gleichheitssatz
Ungleichbehandlung	von *wesentlich* Gleichem: gleicher Kompetenzbereich, gleicher Oberbegriff
Rechtfertigung	bei sachlichem Grund, (+ evtl.) Verhältnismäßigkeit
Art. 3 Abs. 3, 2	spezielle Gleichheitssätze *gehen vor!*
Ungleichbehandlung	anknüpfend an dort verbotenes Kriterium
Rechtfertigung	kollidierendes Verf.Recht, zwing. biologischer Unterschied, Verhältnismäßigkeit

📖 **Übungsfälle:**   *Grote/Kraus*, Fall 4 (Frauenquoten), *Reffken/Thiele*, Fall 9 (Handwerksmeisterinnen), *Schoch*, Übungen, Fälle 1, 7 (Feuerw.), *Schwarz*, JuS 2009, 315 (Art. 3 Abs.1).

---

[404] Beispiel: OLG Stuttgart, NJW 2012, 1085 (Diskothekenbesuch).
[405] Vgl. Richtlinie 2000/43/EG vom 29.6.2000, ABl. EG Nr. L 180 S. 22.

16. Kapitel: Weitere Grundrechte des Grundgesetzes im Überblick

Die verbleibenden Grundrechte Art. 6, 7, 16, 16 a, 17 und 19 Abs. 4 GG lassen sich kaum in das übliche System der Freiheits- oder Gleichheitsrechte einordnen. Sie enthalten teilweise Mischungen der Systeme, teilweise Regelungen, die keinen Grundrechtscharakter haben. Sie sind gegenwärtig von geringerer Bedeutung (anders Art. 16 a) und werden hier nur im Überblick behandelt. Auf die sog. grundrechtsgleichen Rechte (vgl. Art. 93 Abs. 1 Nr. 4 a GG) wird im nächsten Kapitel Verfassungsbeschwerde hingewiesen. Gar keine Grundrechte sind schließlich die Art. 12 a, 17 a und 18 GG. Sie werden hier gar nicht behandelt.

I.   Ehe und Familie (Art. 6 GG)

1.)   Funktionen

Art. 6 GG enthält subjektive Abwehrrechte, eine Institutsgarantie und objektive Wertentscheidung des GG für Ehe und Familie, ausdrückliche Schutzpflichten des Staates, sogar einen Leistungsanspruch (Abs. 4) und einen speziellen Gleichheitssatz (Abs. 5). So viele Funktionen hat wohl kein anderes Grundrecht. Trotzdem ist Art. 6 GG kein unverrückbares „Bollwerk", sondern starken Einflüssen der staatlichen Organe ausgesetzt, bedarf der Ausgestaltung und ist ein „normgeprägtes" Grundrecht.[406]

2.)   Inhalte

Ehe ist die auf Dauer angelegte, vor dem Standesbeamten geschlossene Lebensgemeinschaft von (bisher) *Mann und Frau,*

---

[406] *Ipsen,* Staatsrecht II, Rn. 331, 350; *Epping,* Grundrechte, Rn. 509.

jetzt wohl auch von zwei gleichgeschlechtlichen Personen.[407] Schon zuvor hatte der Gesetzgeber für gleichgeschlechtliche Lebenspartnerschaften Rechte und Pflichten vorgesehen, die denen der Ehe nahe kommen; laut Rechtsprechung des BVerfG *musste* er das sogar tun.[408] Familie ist die Gemeinschaft von *Eltern und Kindern*, auch nicht-verheirateter Eltern, auch allein sorgender Eltern. Denen obliegt gem. Abs. 2 die Pflege und Erziehung der Kinder. Eingriffsmöglichkeiten sind in Abs. 2 und 3 ausdrücklich erwähnt, nicht aber in Abs. 1. Dort gelten staatliche Ausgestaltungen der Ehe *nicht* als Eingriff (!), im Übrigen greifen ggf. verfassungsimmanente Schranken = kollidierendes Verfassungsrecht.[409] Der Grundsatz der Verhältnismäßigkeit gilt selbstverständlich auch hier.

Beispiel: Art. 6 Abs. 1 GG gebietet, bei der Besteuerung einer Familie das Existenzminimum sämtlicher Familienmitglieder steuerfrei zu belassen.[410]

Abs. 4 ist eine Spezialregelung gegenüber dem Sozialstaatsprinzip (Art. 20 Abs. 1 GG) und gewährt der Mutter einen *Anspruch* auf Schutz und Fürsorge der Gemeinschaft, z.B. Schonzeit vor und nach der Geburt, Schutz vor arbeitsrechtlicher Kündigung[411], nicht aber auf konkrete (Geld-)Leistungen. Abs. 5 schließlich enthält einen speziellen Gleichheitssatz und den Auftrag an den Gesetzgeber, die nicht-ehelichen den ehelichen Kindern gleichzustellen.[412]

📖 **Übungsfall:** *Sacksovsky/Nowak,* JuS 2015, 1007 (Masern-Impfpflicht).

---

[407] § 1353 Abs.1 BGB neu, dazu *Schmidt,* NJW 2017, 2225; *Ipsen,* NVwZ 2017, 1096.
[408] BVerfG, NJW 2010, 1439, 2738; NJW 2013, 847, 2257.
[409] *Epping,* Grundrechte, Rn. 519; *Sachs,* GG, Art. 6 Rn. 21.
[410] BVerfG, NJW 1999, 561.
[411] *Jarass/Pieroth,* GG, Art. 6 Rn. 52 ff.
[412] Dazu BVerfG, NJW 2007, 1735.

II.   Schulwesen (Art. 7 GG)

1.)   Funktionen

Grundrechtscharakter haben (teilweise) die Absätze 2 – 4. Im Übrigen enthält auch Art. 7 GG eine bunte Mischung aus Einrichtungsgarantien, subjektiven Rechten und Auslegungsregeln für den Bereich des Schulrechts.[413] Indem Abs. 1 das gesamte Schulwesen unter die Aufsicht des Staates stellt, bildet er gleichzeitig eine wichtige *Schranke gegenüber dem elterlichen Erziehungsrecht* Art. 6 Abs. 2 GG und/oder der Religionsfreiheit Art. 4 GG.[414]

2.)   Inhalte

Öffentliche und private Schulen sind zugelassen, alle stehen aber unter der Aufsicht des Staates. Sofern private Schulen die öffentlichen Schulen ersetzen sollen, bedürfen sie der Genehmigung des Staates und unterstehen den Landesgesetzen (Abs. 4 S.2). Überhaupt ist das Schulwesen im Einzelnen (Art der Schulen, Lehrpläne usw.) Sache der Länder, Art. 30, 70 GG.

Diese regeln auch die Schulpflicht für Kinder. Art. 7 GG greift aber ein paar Aspekte heraus, die nicht unbedingt die wichtigsten sind. Der Religionsunterricht wird „in Übereinstimmung mit den Grundsätzen der Religionsgemeinschaften erteilt" (Abs. 3 S.2), das können auch *islamische* Gemeinschaften, nicht aber deren derzeitige Dachverbände sein.[415] Über die Teilnahme der Kinder am Religionsunterricht bestimmen zunächst die Eltern (Abs. 2), ab dem 14. Lebensjahr aber die Kinder selbst, Art. 4 GG i.V.m. § 5 RelKErzG.

---

[413] BVerfGE 75, 40, 61; *Ipsen,* Verfassungsrecht II, Rn. 359.
[414] *Epping,* Grundrechte, Rn. 533; *Dreier,* GG, Art. 7 Rn. 42; BVerfG, NJW 2009, 3151; NJW 2015, 151 (Schulpflicht); *Muckel,* JA 2013, 74.
[415] BVerwG, NJW 2005, 2101; OVG Münster, Urteil vom 09.11.2017 – 19 A 997/02.

Bedeutung erlangt hat Abs. 4 S. 1, der die Errichtung *privater* Schulen schützt.[416] Fraglich war, ob daraus auch ein Anspruch auf staatliche *Finanzhilfe* folgt. Das BVerfG hat einen Anspruch unmittelbar aus Art. 7 GG abgelehnt; im Zusammenwirken der staatlichen Schutzpflicht mit Art. 3 GG (Gleichbehandlung mit anderen Privatschulen) kann sich aber ein Anspruch ergeben, ggf. nach einer angemessenen Wartefrist.[417]

📖 **Übungsfälle** (auch zu Art. 6 GG):
> *Grote/Kraus,* Fall 10 (Ethikunterricht);
> *Reimer/Thurn,* JuS 2008, 424 (Homeschooling).

III. Ausbürgerung, Auslieferung, Asylrecht
(Art. 16, 16 a GG)

1.) Funktionen

Diese Grundrechte waren ursprünglich Reaktionen auf die schreckliche Zeit des Nationalsozialismus, sind aber immer noch aktuell. Art. 16 GG enthält *Abwehrrechte*, Art. 16 a GG ein *Leistungsrecht* gegenüber dem Staat.[418] Bis zum Jahr 1993 waren beide in einem Artikel (16) vereint, dann wurde das Asylrecht gesondert geregelt, nachdem die Zahl der Asylbewerber stark angestiegen war. Der politisch schwierige „Asylkompromiss" von 1993 führte zu umfangreichen Regelungen auch von Einzelheiten, die gesetzgebungstechnisch eigentlich nicht in eine Verfassung gehören. Politisch hat sich der Kern des damaligen Asylkompromisses aber durchgesetzt, sogar in der Europäischen Union. Nun wird er wieder diskutiert angesichts der hohen Flüchtlingszahlen.

---

[416] Dazu *Hufen,* JuS 2012, 376.
[417] BVerfGE 90, 107; 112, 74; *Ipsen,* Staatsrecht II, Rn. 369 ff.
[418] *Epping,* Grundrechte, Rn. 1014; *Sachs,* GG, Art. 16 a Rn. 14.

142

2.)　Inhalte

a) **Art. 16 Abs. 1** GG schützt vor *Entzug und Verlust* der deutschen Staatsangehörigkeit. Während die Entziehung vorbehaltlos verboten ist, steht der (sonstige) Verlust unter Gesetzesvorbehalt. Die Unterscheidung ist also wichtig. Es kommt darauf an, ob der Betroffene den Wegfall der Staatsangehörigkeit beeinflussen kann (dann „nur" Verlust).[419] Entziehung liegt also nicht vor, wenn ein Deutscher eine ausländische Staatsangehörigkeit annimmt und damit die deutsche Staatsangehörigkeit verliert (§ 25 StAG),[420] oder wenn eine Einbürgerung zurückgenommen wird (§ 48 VwVfG), die mit unrichtigen Angaben erschlichen war.[421] Staatenlos werden darf der Betroffene dadurch aber nicht, und die Verhältnismäßigkeit gilt auch hier.

b) **Art. 16 Abs. 2** GG schützt vor *Auslieferung* an andere Staaten. Geschützt sind Deutsche i.S.d. Art. 116 GG, also nicht nur deutsche Staatsangehörige. Die amtliche Überstellung solcher Personen (gegen deren Willen) an und in fremde Hoheitsgewalten war bis zum Jahr 2000 strikt verboten. Dann wurde der Gesetzesvorbehalt in Abs. 2 S. 2 aufgenommen, um Auslieferungen an Staaten der Europäischen Union und an den (neuen ständigen) Internationalen Strafgerichtshof zu ermöglichen, soweit rechtsstaatliche Grundsätze gewahrt sind. Davon hat der Bundesgesetzgeber Gebrauch gemacht,[422] ein „europäischer Haftbefehl" erleichtert die Auslieferung (auch) Deutscher zum Zweck der Strafverfolgung,[423] umgekehrt können nun aber auch Bürger anderer EU-Staaten nach Deutschland ausgeliefert werden.

---

[419] BVerfG, NVwZ 2001,1393; NJW 2014, 1364; *Sachs,* JuS 2013, 374.
[420] BVerfG, NVwZ 2007, 441.
[421] BVerwGE 118, 216; *Epping,* Grundrechte, Rn. 996.
[422] BGBl 2002 I S. 2144 (IStGHG).
[423] BGBl 2006 I S. 1721 (EuHbG); *Ambos/Bock,* JuS 2012, 437.

c) **Art. 16 a** Abs. 1 GG gewährt politisch Verfolgten *Asylrecht*. Sie dürfen also in Deutschland bleiben. Politisch verfolgt ist, wer

wegen seiner Rasse, Religion, Nationalität, Zugehörigkeit zu einer sozialen Gruppe oder *wegen seiner politischen Überzeugung* Verfolgungsmaßnahmen mit Gefahr für Leib und Leben oder Beschränkungen seiner persönlichen Freiheit ausgesetzt ist oder solche Verfolgungsmaßnahmen begründet befürchtet.[424]

Wenn solche Menschen das Bundesgebiet erreicht haben, sind sie geschützt. Eine wesentliche Einschränkung des Schutzbereichs enthält aber (seit 1993) Abs. 2: wer aus einem **sicheren Drittstaat** einreist, ist doch nicht geschützt, und Deutschland ist gegenwärtig vollständig umgeben von „sicheren Drittstaaten". Der Ausländer soll dort schon Schutz suchen. Wer auf dem Landweg einreist, ist also i.d.R. nicht geschützt. Das ist einschneidend, trotzdem verfassungsgemäß,[425] wird aber teilweise überlagert durch die „Dublin-Verordnung" der EU (S. 144).

Anderen gegenüber enthält Abs. 3 einen Gesetzesvorbehalt: Durch Gesetz können (was auch geschieht) *sichere Herkunftsstaaten* bestimmten werden, und wenn jemand daher kommt, wird vermutet, dass er nicht verfolgt ist, vgl. § 29 a AsylG mit Anl. II. Verfassungsimmanente Schranke ist zusätzlich ein sog. „Terrorismusvorbehalt". Terroristen erhalten kein Asyl, auch wenn sie politisch verfolgt sind. Terrorismus widerspricht dem Asylgedanken.[426]

Wer aus einem dieser Gründe (außer Terrorismus) kein Asyl erhält, weil er z.B. vor einem Bürgerkrieg oder wegen einer Hungersnot geflohen ist, und ernsthaft bedroht war, kann

---

[424] *Jarass/Pieroth,* GG, Art. 16a Rn.7ff.; *Sachs,* GG, Art. 16 a Rn. 21.
[425] BVerfGE 94, 49; kritisch *Weinzierl/Hruschka,* NVwZ 2009, 1540.
[426] BVerfG, DVBl 2001, 66; *Sachs,* GG, Art. 16 a Rn. 26; § 3 Abs. 2 AsylG.

vorübergehend subsidiären Schutz gem. § 4 AsylG oder nur vorübergehenden Abschiebungsschutz gem. § 60 AufenthG erhalten.

Innerhalb der Europäischen Union wurden die Vorschriften über Asyl und Abschiebung immer weiter angeglichen,[427] im „Dubliner Übereinkommen" wurde u.a. festgelegt, welcher Staat jeweils zuständig ist.[428] Meistens sind das derzeit die Staaten am Mittelmeer, weil die Flüchtlinge zunächst dorthin kommen, dann müssen sie dorthin zurück. Während der großen Flüchtlingsströme im Jahr 2015 funktionierte dieses System aber kaum noch und ist derzeit politisch hoch umstritten.

📖 **Übungsfall:** *Ipsen,* Staatsrecht II, Rn. 960 (Auslieferung)

IV. Petitionsrecht und Rechtsschutzgarantie
(Art. 17, 19 Abs. 4 GG)

1.) Funktionen

Diese Grundrechte gewähren keine weiteren Schutzbereiche der Freiheit oder Gleichheit, sondern gewähren Instrumentarien, sich gegen staatliche Maßnahmen oder Unterlassungen zu wehren. Das sehr alte Petitionsrecht (Art. 17 GG) gehört zu den nicht-förmlichen Rechtsbehelfen, die etwas neuere Rechtsschutzgarantie Art. 19 Abs. 4 GG eröffnet den förmlichen Rechtsschutz (vor den Gerichten). Beide haben die Funktion von *Leistungsrechten* gegenüber dem Staat,[429] sie sind auch *Verfahrensgrundrechte.*

---

[427] *Berlit,* DVBl 2013, 873.
[428] Verordnung (EU) Nr. 604/2013 vom 29.06.2013 (Dublin III).
[429] *Epping,* Grundrechte, Rn. 1006.

2.) Inhalte

a) Das *Petitionsrecht* ermöglicht jedermann (auch juristischen Personen), sich mit Bitten oder Beschwerden an die zuständigen Stellen oder die Volksvertretung zu wenden. Davon wird vielfach Gebrauch gemacht. Außer der Schriftform gibt es keine weiteren Zulässigkeitsvoraussetzungen. Auch die Zuständigkeit der jeweiligen Stelle wird nicht streng geprüft, jedenfalls nicht die instanzielle Zuständigkeit der Behörden.[430] Es muss nur ein *bestimmtes Anliegen* vorgetragen werden, mit dem die angeschriebene Stelle etwas zu tun hat. Diese muss das Schreiben nicht nur entgegennehmen, sondern auch *prüfen und beantworten*.[431] Das erledigt entweder die zuständige Behörde, oder – bei Petitionen an die Volksvertretung – der Petitionsausschuss des Bundestages (Art. 45 c GG) oder des jeweiligen Landtages.

b) Förmlicher *Rechtsschutz* wird jedem (auch juristischen Personen) gewährt, der durch die „öffentliche Gewalt" in seinen Rechten verletzt ist oder verletzt sein kann, Art. 19 Abs. 4 GG. „Öffentliche Gewalt" ist jedenfalls die **vollziehende Gewalt**, bzgl. der anderen zwei Gewalten ist das hier fraglich. Wäre auch die Rechtsprechung gemeint, bedeutete dies die Garantie eines mehrfachen (endlosen?) Instanzenzuges. Wäre auch die Gesetzgebung gemeint, könnten vielfach Normenkontrollklagen erhoben werden, für die es aber Sonderregelungen in der Verfassung gibt (z.B. Art. 93 Abs. 1 Nr. 2, Art. 100 GG).
Die h.M. beschränkt deshalb den Begriff „öffentliche Gewalt" (nur hier) auf die Exekutive,[432] einschließlich Staatsanwaltschaft und einschließlich Normsetzung durch die Exekutive

---

[430] *Kingreen/Poscher*, Grundrechte, Rn. 1147.
[431] *Kingreen/Poscher*, Grundrechte, Rn. 1151; *Epping*, Grundrechte, Rn. 1006; *Dreier*, GG, Art. 17 Rn. 33.
[432] *Ipsen*, Staatsrecht II, Rn. 879 ff.; *Jarass/Pieroth*, GG, Art. 19 Rn. 42 ff.; *Dreier*, GG, Art. 19 Rn. 48; *Kingreen/Poscher*, Rn. 1162.

146

(Rechtsverordnung, Satzung). Das BVerfG geht bei einer Verletzung des rechtlichen Gehörs durch einen Richter (Art. 103 Abs. 1 GG) etwas weiter.[433]

Eine Rechtsverletzung muss geltend gemacht werden, eigene Rechte müssen betroffen sein (können). Dann steht der Rechtsweg *zu den Gerichten* offen, mindestens eine Instanz ist garantiert. Das weitere regelt aber der (einfache) Gesetzgeber, insbes. durch Gerichtsverfassung und Verfahrensvorschriften, die bei diesen förmlichen Rechtsbehelfen zu beachten sind. Meist geht es hier um Verwaltungsprozesse nach der VwGO. Insgesamt muss es ein *effektiver* Rechtsschutz sein,[434] es muss also in angemessener Zeit entschieden werden, vgl. auch 18. Kap. II 1a.

📖 **Übungsfälle:**   *Grote/Kraus,* Fall 13 II
(Rechtsschutzgarantie),
Höfling, Fall 3 (Petitionsrecht).

---

[433] BVerfGE 107, 395.
[434] BVerfGE 35, 263; 96, 27; *Muckel,* JA 2011, 477: Rechtsschutz gegen Verkehrszeichen.

17. Kapitel: Die Verfassungsbeschwerde

Art. 93 Abs. 1 Nr. 4a GG gibt „jedermann" die Möglichkeit, das BVerfG anzurufen mit der Behauptung, durch die öffentliche Gewalt in einem seiner Grundrechte oder grundrechtsgleichen Rechte verletzt zu sein. Das ist keine Selbstverständlichkeit, auch nicht in einem Rechtsstaat. Die Grundrechte müssen nämlich auch von allen anderen Gerichten beachtet werden, und das BVerfG ist nicht oberste Instanz im Instanzenzug der Gerichte. Es ist ein oberstes Gericht für Verfassungsfragen.

Verfassungsgerichte können sich auch damit begnügen, über Streitigkeiten zwischen Verfassungsorganen zu entscheiden. So war es unter der Weimarer Verfassung (Art. 19), und zunächst auch im Grundgesetz. So ist es auch noch in einigen Verfassungen der Bundesländer, allerdings mit Tendenz zur Einführung einer Verfassungsbeschwerde vor dem Landes-Verfassungsgericht.[435]

Im Jahre 1969 wurde im Grundgesetz in Art. 93 die Nr. 4a Verfassungsbeschwerde eingeführt, und sie hat sich zum mit Abstand häufigsten Verfahren vor dem BVerfG entwickelt.[436] Die Erfolgsquote ist zwar gering,[437] aber die Wirkung einiger Verfassungsbeschwerden war und ist beträchtlich. Dieses Verfahren stärkt nicht nur den *individuellen Grundrechtsschutz*, sondern führt zu einer *objektiven Stärkung* des Vorrangs der Grundrechte im Rechtsstaat.

Wegen der Vielzahl der Verfassungsbeschwerden mussten die Hürden erhöht werden, bevor „jedermann" zu einer Verhandlung in einem der zwei Senate gelangt. Ein *Annahmeverfahren* in

---

[435] Z.B. im Jahr 2013 in Baden-Württemberg durch §§ 55 ff. StGHG.
[436] *Epping,* Grundrechte, Rn. 147; *Kingreen/Poscher,* Grundrechte, Rn.1287.
[437] *Kingreen/Poscher,* Grundrechte, Rn. 1287: ca. 2%.

einem kleinen Spruchkörper, einer „Kammer" ist vorgeschaltet, § 93a BVerfGG, ohne mündliche Verhandlung.

Die meisten Beschwerden scheitern dort. Trotzdem bleiben noch reichlich Fälle für die Senate (jeweils acht Richter), weitere Entlastung wird immer wieder erwogen. Das Gesetz über das Bundesverfassungsgericht (BVerfGG) enthält in §§ 90 ff. auch die Voraussetzungen für die Zulässigkeit einer solchen Beschwerde. Es ergänzt den Art. 93 GG und ist im Folgenden hinzuzuziehen. Die *Zuständigkeit* ergibt sich bereits aus § 13 Nr. 8a BVerfGG.

In diesem Kapitel werden nun die weiteren Voraussetzungen für die **Zulässigkeit** einer Verfassungsbeschwerde beim **BVerfG** gestrafft dargelegt. Nicht behandelt wird die evtl. Zulässigkeit einer Verfassungsbeschwerde vor einem Landesverfassungsgericht bzw. Staatsgerichtshof; diese richtet sich nach Landesrecht,[438] ist aber ähnlich.

I.   Beschwerdeführer

„Jedermann" kann gem. Art. 93 Abs. 1 Nr. 4a GG, § 90 Abs. 1 BVerfGG Beschwerdeführer sein. Damit sind zumindest **alle Menschen** gemeint. Im Übrigen richtet sich diese „Beschwerdefähigkeit" nach der Grundrechtsberechtigung (1. Kapitel II 2.) oder (gleichbedeutend) nach dem persönlichen Schutzbereich des jeweiligen Grundrechts. Hier kann also das Problem auftauchen, ob Ausländer hinsichtlich behaupteter Grundrechte beschwerdefähig sind. Weil Ausländer aber zumindest das Auffanggrundrecht Art. 2 Abs. 1 GG haben, sollten evtl. Probleme erst im Abschnitt III „Beschwerdebefugnis" erörtert werden.[439]

---

[438] Z.B. § 43 Hess.StGHG; Art. 51 Bay.VfGHG; § 49 Berl.VerfGHG; § 58 LVerfGG MV.

[439] So auch *Kingreen/Poscher,* Grundrechte, Rn. 1291.

Alle (lebenden) Menschen können also Beschwerdeführer sein. Entsprechendes gilt für *juristische Personen* des Privatrechts. Diese können zwar nur dann in einem Grundrecht verletzt sein, soweit es „seinem Wesen nach" auf diese anwendbar ist (Art. 19 Abs. 3 GG), das trifft aber durchaus für einige Grundrechte und grundrechtsgleichen Rechte zu. Auch hier empfiehlt sich, näheres im Abschnitt III „Beschwerdebefugnis" zu erörtern. Auch privatrechtliche Gesellschaften können also Beschwerdeführer sein.

Anderes gilt für juristische Personen des *öffentlichen Rechts*. Sie scheiden i.d.R. schon an dieser Stelle aus, weil sie an die Grundrechte *gebunden*, und eben nicht Träger der Grundrechte sind. Die wenigen Ausnahmen von diesem Grundsatz ergeben sich jeweils aus dem persönlichen Schutzbereich des jeweiligen Grundrechts. Es geht dann um „staatsferne" öffentlich-rechtliche Organisationen, die sich in einer „grundrechtstypischen Gefährdungslage" befinden können,[440] nämlich

- *Rundfunkanstalten* bzgl. Art. 5 Abs. 1 GG
- *Hochschulen* und Fakultäten bzgl. Art. 5 Abs. 3 GG
- *Kirchen* und Religionsgemeinschaften bzgl. Art. 4 GG.[441]

Außerdem können sich auch juristische Personen des öffentlichen Rechts auf die grundrechtsgleichen Rechte Art. 101 und 103 Abs. 1 GG berufen,[442] also auf den gesetzlichen Richter und das Recht auf Gehör vor Gericht.

Ist der Beschwerdeführer ein Mensch, der minderjährig ist oder unter Betreuung steht (§ 1896 BGB), stellt sich zusätzlich die Frage der **Prozessfähigkeit**. Diese ist im BVerfGG nicht geregelt. In den sonstigen Prozessordnungen ist sie meist an die

---

[440] BVerfGE 45, 63, 79; 61, 82, 105.
[441] *Schmidt,* Grundrechte, Rn. 1027.
[442] *Epping,* Grundrechte, Rn. 161.

Geschäftsfähigkeit gekoppelt.[443] Dann kann also ein Minder-
jähriger nicht selbst Klage erheben, sein gesetzlicher Vertreter
muss das für ihn tun. Bei der Verfassungsbeschwerde ist man
aber großzügiger: wer *reif und einsichtsfähig = grundrechtsmündig* ist, kann selbst Prozesshandlungen vornehmen. Es
kommt also auf die Person und das jeweilige Grundrecht an,
eine feste Altersgrenze gibt es selten, beispielsweise aber bei
Art. 4 GG (14 Jahre), vgl. 7. Kapitel II 1. *Juristische Personen*
müssen sich naturgemäß vertreten lassen vom Vorstand, Ge-
schäftsführer oder Rechtsanwalt.[444]

II. Beschwerdegegenstand

„Durch die öffentliche Gewalt" fühlt sich der Beschwerdeführer
beeinträchtigt, ähnlich wie bei Art. 19 Abs. 4 GG (16. Kapitel IV.)
muss also ein Akt der öffentlichen Gewalt vorliegen. Anders als
bei Art. 19 Abs. 4 GG kommen hier aber **alle drei Staatsgewalten** in Betracht, denn alle sind an Grundrechte gebunden
(Art. 1 Abs. 3 GG), und § 95 Abs. 2, 3 BVerfGG spricht selbst
von Verfassungsbeschwerden gegen Gerichtsentscheidungen
und gegen Gesetze. Direkt aus dem Gesetz (§§ 92, 95
BVerfGG) ergibt sich auch, dass dieser Akt der öffentlichen
Gewalt nicht nur ein Handeln, sondern auch ein *Unterlassen*
sein kann, beispielsweise das Unterlassen staatlichen Schutzes
für ein Grundrecht,[445] entweder durch den Gesetzgeber, die
Verwaltung oder die Rechtsprechung. Es können auch *mehrere
Akte* der öffentlichen Gewalt in einer Verfassungsbeschwerde
angegriffen werden.[446]

---

[443] Vgl. § 52 ZPO, § 62 VwGO.
[444] Vgl. *Schmidt,* Grundrechte, Rn. 1030.
[445] *Epping,* Grundrechte, Rn. 174; *Schmidt,* Grundrechte, Rn. 1035;
Kingreen/Poscher, Grundrechte, Rn. 1295.
[446] *Jarass/Pieroth,* GG, Art. 93 Rn. 51.

Es muss sich um Akte der *deutschen* öffentlichen Gewalt handeln, nicht also um Maßnahmen von UNO oder NATO, grundsätzlich auch nicht um Maßnahmen der EU. Die deutsche öffentliche Gewalt wird aber tätig z.b. bei der Zustimmung des Gesetzgebers zu einem völkerrechtlichen Vertrag (Art. 59 Abs. 2 GG) oder bei der Ausführung von (sekundärem) EU-Recht (insbes. EU-Verordnungen) durch die deutsche Verwaltung. Wenn dabei geltend gemacht wird, dass EU-Recht gegen das Grundgesetz verstößt, ist Zurückhaltung geboten, erst recht bei Maßnahmen durch EU-Organe selbst: der Beschwerdeführer muss schlüssig darlegen, dass ein EU-Organ seine Kompetenzen überschritten oder fundamentale Grundrechtsprinzipien verletzt hat.[447] Ansonsten ist Rechtsschutz vor dem EUGH zu suchen, siehe 18. Kapitel II 2c.

III.   Beschwerdebefugnis

Nach Art. 93 Abs. 1 Nr. 4a GG, § 90 Abs. 1 BVerfGG muss der Beschwerdeführer **behaupten**, in einem seiner Grundrechte oder grundrechtsgleichen Rechte verletzt zu sein. Das wird von der h.M. so ausgelegt, dass nach dem Vortrag des Beschwerdeführers eine Verletzung zumindest **möglich**, nicht von vornherein ausgeschlossen ist.[448]

Beispiele: Von vornherein ausgeschlossen ist die Verletzung der Art. 11 oder 12 GG gegenüber einem türkischen Staatsangehörigen, die Verletzung des Art. 8 GG gegenüber einem (deutschen) bewaffneten Demonstranten, die Verletzung des Art. 10 GG durch Unterbrechung der Telefonverbindung, sowie eine Grundrechtsverletzung durch den bloßen *Entwurf* einer Entscheidung durch Rechtsprechung oder Verwaltung.

---

[447] BVerfGE 73, 339; 102, 147; NVwZ 2014, 501; NJW 2016, 1149; *Schmidt,* Grundrechte, Rn. 1034.
[448] *Jarass/Pieroth,* GG, Art. 93 Rn. 52; *Kingreen/Poscher,* Grundrechte, Rn. 1298.

Wenn diese Hürde genommen ist, wird hier nicht weiter geprüft, ob die Verletzung wirklich vorliegt. Das geschieht erst bei der *Begründetheit* der Verfassungsbeschwerde. Ungeschriebene Voraussetzung der Zulässigkeit ist aber zusätzlich, dass der Beschwerdeführer *selbst, gegenwärtig und unmittelbar* betroffen ist.[449] Das ist bei Verfassungsbeschwerden **gegen Gesetze** immer zu prüfen, bei Verfassungsbeschwerden gegen Urteile und Verwaltungsakte liegt hierin meist kein Problem.

1.) *Selbst betroffen*: der Beschwerdeführer ist Adressat der staatlichen Maßnahme oder faktisch betroffen von einer Maßnahme, die sich an einen anderen richtet, z.B. als Kunde/Verbraucher betroffen von einer Regelung der Ladenschlusszeiten, die sich an den Ladenbesitzer richtet.[450]

2.) *Gegenwärtig*: der Beschwerdeführer ist schon oder noch betroffen, nicht irgendwann in der Zukunft. Bei vergangenen Beeinträchtigungen genügt, dass die Wirkung noch andauert oder Wiederholungsgefahr besteht. Bei künftigen Beeinträchtigungen ist erforderlich, dass der Betroffene schon jetzt zu später nicht mehr korrigierbaren Entscheidungen gezwungen wird, etwa künftige Rentner durch jetzige Änderung des Sozialgesetzbuchs.[451]

3.) *Unmittelbar*: der Beschwerdeführer ist *ohne weiteren Vollzugsakt* schon jetzt betroffen, weil das Gesetz ihm (unter Strafandrohung) direkt ein bestimmtes Verhalten gebietet oder verbietet, oder weil das Gesetz den Staat zu heimlichen Maßnahmen ermächtigt.[452]

---

[449] *Jarass/Pieroth,* GG, Art. 93 Rn. 54 ff.; *Weinbuch, JA* 2013, 704. *Epping,* Grundrechte, Rn. 182 ff.
[450] *Kingreen/Poscher,* Grundrechte, Rn. 1309.
[451] *Schmidt,* Grundrechte, Rn. 1054.
[452] BVerfGE 100, 313, 354; 109, 279, 306.

Anders ist es bei Gesetzen, welche den Staat zu offenen Maßnahmen ermächtigen, z.B. zum Erlass eines Verwaltungsaktes. Gegen diesen ist zunächst Widerspruch zu erheben, s.u.

IV. Rechtsschutzbedürfnis

1.) Rechtswegerschöpfung

Gestützt auf Art. 94 Abs. 2 S. 2 GG verlangt **§ 90 Abs. 2 BVerfGG**, dass zunächst der Rechtsweg erschöpft sein muss, bevor Verfassungsbeschwerde erhoben werden kann. Das gilt für alle (behaupteten) Grundrechtsverletzungen durch Maßnahmen der Exekutive und Judikative. Die zulässigen und zumutbaren prozessualen Möglichkeiten im jeweiligen Instanzenzug müssen zunächst ausgeschöpft, dortige Fristen beachtet werden.

Beispiele: Gegen belastende Verwaltungsakte ist zunächst gem. VwGO Widerspruch zu erheben, dann ggf. Anfechtungs- oder Verpflichtungsklage. Gegen Urteile des Amtsgerichts oder Landgerichts ist fristgerecht gem. ZPO oder StPO Berufung einzulegen, ggf. auch Revision. Auch die Möglichkeit *vorläufigen Rechtsschutzes* nach diesen Prozessordnungen ist auszuschöpfen.

Erst gegen letztinstanzliche Entscheidungen in diesen Verfahren kann dann das Verfassungsgericht angerufen werden.[453] Ausnahmen davon gem. § 90 Abs. 2 S. 2 BVerfGG sind selten, aber z.B. dann möglich, wenn dem Begehren des Beschwerdeführers eine gefestigte, aber unzutreffende höchstrichterliche Rechtsprechung entgegensteht.[454]

---

[453] *Schmidt,* Grundrechte, Rn. 1063 ff.
[454] *Kingreen/Poscher,* Grundrechte, Rn. 1328.

154

Gegen *Legislativakte* steht dem Bürger meist kein Rechtsweg zur Verfügung, dann scheitert die Verfassungsbeschwerde nicht an dieser Stelle, aber ggf. an der Unmittelbarkeit (oben III 3.) oder an der Subsidiarität (unten IV 2.). Wenn ausnahmsweise gem. § 47 VwGO doch ein Rechtsweg eröffnet ist, muss dieser selbstverständlich zunächst ausgeschöpft sein.[455]

2.) Subsidiarität

Nicht ausdrücklich im Gesetz enthalten ist diese weitere Hürde für Verfassungsbeschwerden: sie sind nur zulässig, wenn die Grundrechtsverletzung **auf keinerlei andere Weise** beseitigt werden kann.[456] Soweit es zumutbar ist, muss der Betroffene deshalb nach (rechtskräftigem) Abschluss des vorläufigen Rechtsschutzes auch noch das Hauptsacheverfahren betreiben. Oder er muss auch gegen ein unmittelbar wirkendes belastendes Gesetz versuchen, irgendwie Rechtsschutz zu erlangen, indem er z.B. zunächst eine Ausnahmegenehmigung von einem gesetzlichen Verbot beantragt,[457] oder die Befreiung von einer gesetzlichen Gebühr.[458]

Gegen die Ablehnung der Ausnahmegenehmigung oder Befreiung kann er den (normalen) Rechtsweg beschreiten. Damit will das BVerfG erreichen, möglichst nur über Fälle entscheiden zu müssen, die von den Fachgerichten zuvor tatsächlich und rechtlich aufbereitet wurden.[459] Die Auslegung und Anwendung einfachen Rechts ist nämlich allein deren Aufgabe.

---

[455] *Epping,* Grundrechte, Rn. 191.
[456] *Epping,* Grundrechte, Rn. 192; *Muckel,* JA 2013, 556.
[457] *Schmidt,* Grundrechte, Rn. 1070 f.
[458] BVerfG, NVwZ 2013, 423: Rundfunkbeitrag.
[459] BVerfGE 79, 1, 20; 86, 382, 386; 88, 384, 400; 112, 50.

V. Form und Frist

Wie auch andere Klagen an das BVerfG muss die Verfassungsbeschwerde **schriftlich** eingereicht werden, § 23 Abs. 1 BVerfGG. Das geht auch per Telefax,[460] fraglich ist das noch mittels E-Mail.[461] Nach derselben Vorschrift ist die Beschwerde auch zu **begründen**, und gem. § 92 BVerfGG ist in der Begründung das (angeblich) verletzte Recht und der Eingriff in dieses zu bezeichnen, wobei aber nicht unbedingt der genaue Artikel und Absatz aus dem GG genannt werden muss.[462] Eine Darlegung der grundsätzlichen Bedeutung des Falles ist für die Zulässigkeit nicht erforderlich, aber sinnvoll im Hinblick auf die Annahme der Beschwerde gem. § 93a BVerfGG.

Die Frist beträgt i.d.R. **einen Monat** nach Bekanntgabe der (letztinstanzlichen) gerichtlichen Entscheidung, § 93 Abs. 1 BVerfGG. Wenn diese Frist unverschuldet versäumt wurde, kann Wiedereinsetzung in den vorherigen Stand gewährt werden, § 93 Abs. 2 BVerfGG. Richtet sich die Verfassungsbeschwerde gegen ein Gesetz oder einen sonstigen Hoheitsakt, gegen den (ausnahmsweise) ein Rechtsweg nicht offen steht, so beträgt die Frist *ein Jahr* seit Inkrafttreten bzw. Bekanntgabe, § 93 Abs. 3 BVerfGG.

---

[460] BVerfG, NJW 2001, 3473; NJW 2007, 2838.
[461] Vgl. *Kingreen/Poscher,* Grundrechte, Rn. 1331 Fn. 42.
[462] BVerfGE 59, 98, 101.

**Zusammenfassung: *Zulässigkeit* der Verfassungsbe-
schwerde (Art. 93 Abs. 1 Nr. 4a)**

Zuständigkeit	**BVerfG** oder LVerfG
Beschwerde-*führer*	jedermann = Menschen, soweit grundrechtsmündig, *juristische* Personen evtl. gem. Art. 19 Abs. 3 GG
Beschwerde-*gegenstand*	Maßnahmen der drei (deutschen) Staatsgewalten
Beschwerde-*befugnis*	Behauptung = Möglichkeit einer GR - Verletzung selbst, gegenwärtig, unmittelbar
Rechtsschutz-bedürfnis	**Rechtsweg erschöpft**, Subsidiarität der Verfassungsbeschwerde
Form, Frist	schriftlich, ein Monat

Die **Begründetheit** der Verfassungsbeschwerde richtet sich danach, ob das Grundrecht oder grundrechtsgleiche Recht wirklich verletzt ist, siehe Kapitel 2 – 16 und → *Anhang I, S. 172.*

Das BVerfG trifft dann eine Entscheidung gem. § 95 BVerfGG.

📖 **Übungsfälle:**	*Reffken/Thiele,* Fälle 1, 2, 3, 5, 10;
	Schoch, Übungen, Fälle 1 und 3;
	Degenhardt, Klausurenkurs I,
	Fälle 11, 14;
	Brade, Jura 2016, 923;
	Friehe, JA 2016, *602;*
	Froese, JuS 2016, 33;
	Linke, JuS 2016, 520;
	Herrmann, JuS 2017, 1093;
	Goerlich/Zimmermann, JuS 2017, 446
	(Knaben-Beschneidung).

158

18. Kapitel: Internationaler Grundrechtsschutz

I. Weltweit

Sogleich nach dem Ende des zweiten Weltkriegs wurden die Vereinten Nationen (UNO) mit Sitz in New York gegründet, deren Ziele u.a. die Wahrung des Weltfriedens und die Achtung der Menschenrechte war und ist. Schreckliche Menschenrechtsverletzungen wie im zweiten Weltkrieg (und kurz danach) sollen nie wieder vorkommen. Die Bundesrepublik Deutschland und die DDR durften erst im Jahr 1973 beitreten.

Die *Charta* der Vereinten Nationen vom 26.06.1945 [463] legt die Ziele, Mitglieder, Organe, Abstimmungsverfahren und evtl. Maßnahmen fest, und gestützt darauf hat die Generalversammlung der UNO am 10.12.1948 die **Allgemeine Erklärung der Menschenrechte** beschlossen und verkündet.[464] Diese knüpft in Art. 1 an die Ziele der Französischen Revolution an (Freiheit, Gleichheit, Brüderlichkeit), erwähnt ausdrücklich die Menschenwürde, und enthält im Folgenden die klassischen Freiheitsrechte, aber auch soziale und kulturelle Rechte. Wie alle Resolutionen der Generalversammlung hat sie zwar nur empfehlenden Charakter, *keine rechtliche Bindungswirkung,*[465] war aber zumindest Initialdokument für weitere Konventionen und Menschenrechtspakte. Einzelne zentrale Artikel wie das Folterverbot (Art. 5) gelten bindend als völkerrechtliches Gewohnheitsrecht.[466]

Zunächst ebenfalls „nur" Resolutionen waren die beiden **UN-Pakte über bürgerliche und politische** sowie über wirtschaftliche, soziale und kulturelle **Rechte** aus dem Jahr

---

[463] Deutsche Übersetzung in *Sartorius II* Nr. 1.
[464] Deutsche Übersetzung in *Sartorius II* Nr. 19.
[465] *Ipsen,* Staatsrecht II, Rn. 45.
[466] *Haedrich,* JA 1999, 251, 253.

1966.[467] Diese sind aber durch Ratifizierung von über 100 Staaten im Jahr 1976 rechtsverbindlich in Kraft getreten, auch in Deutschland. Der Pakt über bürgerliche Rechte (sog. Zivilpakt) enthält die klassischen Freiheits- und Gleichheitsrechte, meist ausführlicher formuliert als im GG, aber nicht mit stärkerer Wirkung. Ausdrücklich wird in Art. 12 Abs. 2 jedermann zugestanden, jedes Land einschließlich seines eigenen zu verlassen. Das galt dann also auch in der DDR, wurde dort aber nicht berücksichtigt. In der BRD wird das auch von Art. 2 Abs. 1 GG gewährleistet.

Der andere Pakt (sog. Sozialpakt) beansprucht schon nach seiner Formulierung weniger Verbindlichkeit: „nach und nach" sollen mit allen geeigneten Mitteln, vor allem durch gesetzgeberische Maßnahmen, die in diesem Pakt anerkannten Rechte erreicht und voll verwirklicht werden, Art. 2 Abs. 1 Sozialpakt. Es handelt sich also um *Staatszielbestimmungen*,[468] zu erwähnen etwa die Rechte auf Arbeit, angemessenen Lohn, Streikrecht, soziale Sicherheit, Mutterschutz, Gesundheit und Bildung. Einklagbar sind diese nicht.

Über die Einhaltung des Zivilpakts wacht zwar ein *UN-Ausschuss für Menschenrechte* (Art. 28 ff.), Individualbeschwerden betroffener Bürger dorthin sind aber nicht häufig, nur nach Maßgabe eines sog. Fakultativprotokolls zulässig,[469] dessen Einzelheiten hier nicht erörtert werden. Denn gegenüber dem GG bringt auch der Zivilpakt kaum zusätzlichen Schutz.
Gelegentlich wird dieser allerdings in Deutschland zur Auslegung nationalen Rechts herangezogen. *Direkte* Bedeutung hatte der Zivilpakt beispielsweise bei einem Verfahren vor dem UN-Menschenrechtsausschuss, in dem es um die Rückgabe

---

[467] Deutsche Übersetzungen in *Sartorius II* Nr. 19 und 21.
[468] *Haedrich,* JA 1999, 251, 254.
[469] *Haedrich,* JA 1999, 251, 255; *Ipsen,* Staatsrecht II, Rn. 45.

von Grundeigentum ging, das im Jahr 1945 in der Tschechos-
lowakei enteignet worden war.[470]

Hinzuweisen ist in diesem Abschnitt noch auf die völker-
rechtlichen Abkommen gegen die Diskriminierung der Frauen
(1979), gegen die Folter (1984), für die Rechte von Kindern
(1989),[471] über die Gründung eines ständigen *Internationalen
Strafgerichtshofs* (1998)[472], der nun Verbrechen gegen die
Menschlichkeit fast weltweit verfolgen kann, sowie die *Genfer
Flüchtlingskonvention* (1951), die bisher wohl die stärkste
Wirkung der weltweiten Abkommen entfaltet hat. Die Genfer
Flüchtlingskonvention schützt vor allem vor Abschiebung in den
Verfolgerstaat (Art. 33). Darauf wird zusätzlich hingewiesen in
Art. 16 a Abs. 2 GG, § 60 AufenthG, § 3 AsylG.

In Kraft treten solche Abkommen, wenn genügend Mitgliedstaaten (gem. Vertragstext) ratifiziert haben, innerstaatlich in
Deutschland durch *Zustimmung des Bundestages* gem. Art. 59
Abs. 2 GG. Unmittelbare (und vorrangige) Geltung ohne solche
Zustimmung haben nur wenige allgemeine Regeln des Völker-
rechts gem. Art. 25 GG, auch nicht die vollständigen herkömmlichen Menschenrechts-Kataloge.[473]

II.   Europäisch

1.)   Europäische Menschenrechtskonvention

In Europa gründeten einige westliche Staaten im Jahre 1949
den **Europarat**, der nach seiner Satzung u.a. die Aufgabe hat,
die Ideale und Grundsätze zu fördern, die gemeinsames Erbe

---

[470] Fall Walderode, NJW 2002, 353.
[471] Mit Vorbehalten angenommen: BGBl 1992 II S. 990.
[472] *Sartorius II* Nr. 35.
[473] Vgl. *Jarass/Pieroth,* GG, Art. 25 Rn. 10.

sind, und wirtschaftlichen und sozialen Fortschritt zu fördern (Art. 1).[474] Organe sind das Ministerkomitee und die Beratende Versammlung, Sitz ist Straßburg. Die Bundesrepublik Deutschland wurde 1951 Vollmitglied, die DDR nie. Inzwischen sind aber auch einige Staaten des früheren sog. Ostblocks beigetreten, auch Russland, auch die Türkei. Der Europarat hat jetzt 47 Mitgliedsstaaten, vgl. Art. 26 der Satzung. Wichtigster Beschluss war im Jahr 1950 die *Konvention zum Schutz der Menschenrechte und Grundfreiheiten* (**EMRK**), die älteste und stärkste regionale Menschenrechtskonvention neuzeitlicher Art.[475] Diese muss man kennen.

a) Inhalt

Wie im GG gibt es einen Abschnitt I, der die Grundrechte beschreibt, hier die „Rechte und Freiheiten". Diese sind wie im GG hauptsächlich Ansprüche auf Unterlassung staatlicher Eingriffe, also **Abwehrrechte**, nur vereinzelt Ansprüche auf Leistungen des Staates.[476] Leistungsrecht ist beispielsweise das Recht auf Bildung, das allerdings nicht im Text der Konvention selbst steht, sondern in einem Zusatzprotokoll.[477] Aus Zusatzprotokollen ergeben sich auch die (Abwehr-) Rechte auf Eigentum, Freizügigkeit und die Abschaffung der Todesstrafe.

Anders als im GG sind immer **alle Menschen** geschützt, sog. Bürgerrechte nur für die eigenen Staatsangehörigen gibt es hier nicht. Auch juristische Personen können durch einzelne Artikel geschützt sein, z.B. die Geschäftsräume durch Art. 8 EMRK, was sich mittelbar aus Art. 34 EMRK ergibt.[478] Anders als im GG ist auch, dass **Verfahrensrechte** hier stärker ausgeprägt

---

[474] *Sartorius II* Nr. 110.
[475] *Ehlers,* JURA 2000, 372; *Braasch,* JuS 2013, 602.
[476] *Ehlers,* JURA 2000, 372, 374; *Staebe,* JA 1996, 75.
[477] *Sartorius II* Nr. 131.
[478] Vgl. *Epping,* Grundrechte, Rn. 1021.

162

sind, nämlich in Art. 5 – 7 EMRK und im 7. Zusatzprotokoll. Die größte Bedeutung erlangt hat **Art. 6 Abs. 1**:

„Jede Person hat ein Recht darauf, dass über Streitigkeiten in Bezug auf ihre zivilrechtlichen Ansprüche und Verpflichtungen oder über eine gegen sie erhobene strafrechtliche Anklage von einem unabhängigen und unparteiischen, auf Gesetz beruhenden Gericht *in einem fairen Verfahren,* öffentlich und *innerhalb angemessener Frist* verhandelt wird…"

Die Verletzung dieser Vorschrift wurde bisher am häufigsten geltend gemacht und am häufigsten festgestellt,[479] auch gegenüber deutschen Gerichten und Behörden. Auch bei uns dauern Gerichtsverfahren mitunter zu lange, und wird der Sachverhalt nicht immer mit fairen Methoden ermittelt.

Beispiele: Im Zivilprozess um Schadensersatz ist eine *Verfahrensdauer* von über 16 Jahren bis zum rechtskräftigen Urteil auch dann zu lange, wenn mehrere Sachverständigengutachten eingeholt werden müssen und der Beschwerdeführer selbst erheblich zur Verlängerung beiträgt; sechs Jahre in einer Instanz sind ebenfalls zu viel.[480]
Im Strafprozess ist noch mehr Beschleunigung geboten. Auch in schwierigen Verfahren ist eine Gesamtdauer von neun Jahren unangemessen, kritisch wird es ab ca. sechs Jahren.[481] Das ist auch die kritische Zeitgrenze für Verfahren vor dem BVerfG.[482]

Unfair ist eine Verfahrensgestaltung vor dem Strafgericht, wenn der Angeklagte dem Belastungszeugen keine Fragen stellen kann oder darf.[483] Das strafrechtliche *Ermittlungsverfahren* verstößt gegen Art. 6 EMRK, wenn die Polizei einen „Lockspitzel" in der Rauschgiftszene einsetzt, der eine bisher unverdächtige und nicht tatgeneigte Person zu einer Straftat (Beschaffungsdelikt) verleitet. Solche Verstöße müssen

---

[479] *Meyer-Ladewig,* EMRK, Art. 6 Rn. 71; EGMR, NJW 2010, 3355.
[480] EGMR, NJW 2006, 2389; BVerfG, NJW 2008, 503.
[481] EGMR, NJW 2002, 2856; BVerfG, NJW 2003, 2225, 2897.
[482] EGMR, NJW 2001, 211; NJW 2005, 41, 2530.
[483] EGMR, NJW 2003, 2893; NJW 2012, 3502; BGH, NJW 2005, 1132.

zumindest bei der Strafzumessung berücksichtigt werden, führen neuerdings sogar zur Einstellung des Verfahrens.[484]

Der Schutzbereich der übrigen Artikel der EMRK ist dem des GG sehr ähnlich, aber oft ausführlicher formuliert. So verbieten Art. 3 und 4 EMRK ausdrücklich Folter und Sklaverei, also Maßnahmen, die nach dem GG (ohne ausdrückliche Erwähnung) von Art. 1 erfasst sind, vgl. 6. Kapitel. Diese sind selbstverständlich nicht zu rechtfertigen. Bei einschränkbaren Grundrechten sind die Schranken meist ausführlicher formuliert als im GG. So heißt es in der EMRK u.a.,

„darf nur Einschränkungen unterworfen werden, die gesetzlich vorgesehen und in einer demokratischen Gesellschaft notwendig sind für die öffentliche Sicherheit ... oder zur Verhütung von Straftaten ...",

z.B. bei Art. 10 und 11 (Meinungs- Versammlungs- und Vereinigungsfreiheit). Darin steckt wie meist im GG ein **Gesetzesvorbehalt,** und die ungewöhnliche Formulierung „in einer demokratischen Gesellschaft notwendig", wird wie unser Grundsatz der **Verhältnismäßigkeit** ausgelegt.[485]

Damit sind auch Fälle der EMRK zu prüfen nach dem System → *Schutzbereich, Eingriff, Einschränkbarkeit* des Rechtes *einschl. Verhältnismäßigkeit* des Gesetzes oder der Maßnahme.

Dabei kann es zu Auslegungen und Ergebnissen kommen, die abweichen vom Ergebnis des entsprechenden GG-Artikels. Dann muss die EMRK und deren Wirkung rechtlich eingeordnet werden.

---

[484] EGMR, NStZ 2015, 412; BGH, Urt. v. 10.06.2015, 2 StR 97/14.
[485] *Ehlers,* JURA 2000, 372, 380; *Meyer-Ladewig,* Art. 11 Rn. 23.

b)   Rechtliche Einordnung

Die EMRK war zunächst ein völkerrechtlicher Vertrag, wie einige der oben genannten UN-Pakte. Innerstaatliche Wirkung erhielt sie in Deutschland mit Zustimmung des Bundestages gem. Art. 59 Abs. 2 GG und anschließender Bekanntmachung im Bundesgesetzblatt. Sie ist also **geltendes Recht**. Ihr *Rang* innerhalb der deutschen Rechtsordnung knüpft nach h.m. an die geschilderte Transformation an: weil diese durch einfaches Bundesgesetz erfolgte, hat die EMRK nun den Rang eines solchen einfachen Bundes(parlaments)gesetzes.[486] In Italien wird das auch so gesehen, während die Österreicher ihr Verfassungsrang zugestehen.[487]

Formal steht die EMRK damit *unter* dem GG. Trotzdem kann sie zusätzliche Rechte einräumen – etwa auf ein faires Verfahren –, und bei vermeintlichen Widersprüchen zum GG wird meist eine Auslegung gesucht, die beiden Gesetzen gerecht wird. Sie beeinflussen sich gegenseitig, die EMRK ist *Auslegungshilfe* für das ganze innerstaatliche Recht.[488]

Wenn etwa aus Art. 8 EMRK ein stärkerer Schutz der *Privatsphäre* Prominenter abgeleitet wird als bisher aus dem deutschen APR, vgl. S. 46, dann nähert sich auch die deutsche Rechtspraxis der EMRK-Auslegung und EGMR-Rechtsprechung an.[489] Nachdem der EGMR die (bisherige) deutsche *Sicherungsverwahrung* als Strafe i.S.d. Art. 7 EMRK eingestuft hatte, für die das Rückwirkungsverbot gilt, hat das BVerfG seine Rechtsprechung ebenfalls angepasst.[490]
Nachdem der EGMR mehrfach die Dauer von Gerichtsverfahren in Deutschland gerügt hatte (s.o.S.162), hat der Bundestag Ende 2011

---

[486] BVerfGE 111, 307; BVerfG, NJW 2011, 1931.
[487] *Ehlers,* JURA 2000, 372, 373.
[488] *Haug,* NJW 2018, 2674.
[489] BGH, NJW 2007, 1917 (Caroline von Hannover/Monaco).
[490] EGMR, NJW 2010; BVerfG, NJW 2011, 1931.

ein Gesetz über den Rechtsschutz bei überlangen Gerichtsverfahren beschlossen.[491]

Wenn die Europäische Union der EMRK beitritt, wie in Art. 6 Abs. 2 EUV vorgesehen, bindet diese auch direkt die EU-Organe. Jetzt schon gehört die EMRK zu den „allgemeinen Grundsätzen des Unionsrechts" (Art. 6 Abs.3 EUV).

c)   Durchsetzung

Zunächst sah die EMRK ein umständliches Kontrollverfahren vor, bei dem eine Kommission für Menschenrechte, das Ministerkomitee und der Gerichtshof zusammenwirken musst-en.[492] Seit November 1998 ist Kontrollinstanz nur noch der **Europäische Gerichtshof für Menschenrechte** (EGMR) mit Sitz in Straßburg. Ihm gehören hauptamtlich tätige Richter aus allen Mitgliedstaaten an, die von der parlamentarischen Versammlung gewählt werden, Art. 22 EMRK. *Zwei Verfahrensarten* dienen der Durchsetzung der Konvention: die Staatenbeschwerde und die Individualbeschwerde, Art. 33, 34 EMRK. Näheres bestimmt die Verfahrensordnung,[493] ähnlich unserem Gesetz über das BVerfG.

Bei der **Staatenbeschwerde** verklagt ein Mitgliedsstaat den anderen wegen einer Verletzung der EMRK. Das ist selten, geschah aber z.B. wegen des Zypernkonflikts zwischen Griechenland und der Türkei.[494]

Wichtiger ist die **Individualbeschwerde**, die jedermann erheben kann, wie die Verfassungsbeschwerde beim BVerfG. Die Zahl der Individualbeschwerden wächst seit Jahren, einige bemerkenswerte Urteile sind gesprochen. Die *Zulässigkeitsvoraussetzungen* ergeben sich aus Art. 34, 35 EMRK und der

---

[491] BGBl. 2011 I S. 2302; dazu EGMR, NVwZ 2013, 47.
[492] *Ehlers,* JURA 2000, 372, 381.
[493] *Sartorius II* Nr. 137; *Meyer-Ladewig/Petzold,* NJW 2009, 3749.
[494] *Meyer-Ladewig,* EMRK, Art. 33 Rn. 2.

Verfahrensordnung, sie können geprüft werden wie bei der Verfassungsbeschwerde vor dem BVerfG,[495] also

- Beschwerdeführer, insbes. Parteifähigkeit
- Beschwerdegegenstand
- Beschwerdebefugnis
- Rechtsschutzbedürfnis, insbes. Rechtswegerschöpfung
- Form und Frist (sechs Monate).

Zur Rechtswegerschöpfung (Art. 35 EMRK): Alle innerstaatlichen Rechtsbehelfe müssen zunächst ausgeschöpft werden, auch eine Verfassungsbeschwerde, wenn diese möglich ist.[496]

Begründet ist die Individualbeschwerde, wenn der Beschwerdeführer in einem Konventionsrecht verletzt ist. Das **stellt** der Gerichtshof in seinem Urteil **fest**, der betroffene Staat ist verpflichtet, das Urteil zu befolgen, Art. 46 EMRK. Der Gerichtshof kann aber **nicht** selbst die verletzende Maßnahme **aufheben**, insbes. nicht ein nationales Urteil.[497] Insofern ist die Durchsetzbarkeit der EMRK eingeschränkt. Trotzdem entfaltet die EMRK Wirkung, denn eine Verurteilung beeinträchtigt das Ansehen des betroffenen Staates, ist diesem also nicht gleichgültig. Außerdem kann der Gerichtshof dem Kläger eine **gerechte Entschädigung** (Art. 41 EMRK) in Geld zusprechen, auch für immaterielle Schäden, zu zahlen vom beklagten Staat.

Beispiele: Deutschland musste als Ersatz für immaterielle Schäden folgende Beträge bezahlen: 3.000 Euro für mehrtägige Gewahrsamnahmen (Deutscher) während des G8-Gipfels, 10.000 Euro für den zwangsweisen Brechmitteleinsatz gegenüber einem mutmaßlichen Drogendealer, 15.000 Euro für die Verweigerung des Umgangsrechts (mit dem Kind) gegenüber dem nichtehelichen Vater (Verstoß gegen Art. 8 EMRK).[498]

---

[495] *Stephan/Yamato,* JuS 2012, 821; *Ricke,* Jura 2012, 641.
[496] *Meyer-Ladewig,* EMRK, Art. 35 Rn. 12.
[497] *Ehlers,* JURA 2000, 372, 382.
[498] EGMR, NJW 2004, 2147, 3397; 2006, 3117; *Dörr,* JuS 2012, 856.

Im letzten Beispiel hat ein deutsches Gericht (OLG Naumburg) die Konventionsverletzung begangen. Der EGMR kann dessen Urteil nicht aufheben, auch die deutsche Regierung kann das nicht. In künftigen Verfahren ist aber die Rechtsprechung des EMRK zu *berücksichtigen,* wie das BVerfG mehrmals klargestellt hat.[499] Nach einem Zivil- oder Strafprozess kann ein solches Urteil des EGMR zur Wiederaufnahme des Verfahrens führen, § 580 Nr. 8 ZPO, § 359 Nr. 6 StPO.

2.)   EU-Charta der Grundrechte

Etwas später als der Europarat entwickelte sich eine zusätzliche und engere Zusammenarbeit ein paar westlich orientierter Staaten auf wirtschaftlichem Gebiet. Zunächst sechs Staaten gründeten im Jahr 1957 die Europäische Wirtschaftsgemeinschaft (EWG), die Bundesrepublik Deutschland war von Anfang an dabei. Diese EWG erhielt mehr und mehr Aufgaben und Mitglieder, wurde zur EG und diese wurde Teil der Europäischen Union (EU), der zur Zeit 28 Staaten angehören. Mit der Zunahme der Befugnisse der EU wuchs auch das Bedürfnis nach Grundrechtsschutz gegenüber deren Maßnahmen. Deutschland darf dort nur mitwirken, wenn solcher Schutz gewährleistet ist, Art. 23 Abs. 1 GG. Der EU-Vertrag von 1991 verwies zwar (immerhin) schon auf die EMRK, enthielt aber noch keinen eigenen Katalog der Grund- oder Menschenrechte. Ein solcher wurde dann im Jahr 2000 vom Europäischen Parlament und vom Europäischen Rat (nicht Europarat!) beschlossen als *Charta der Grundrechte der Europäischen Union.* Rechtlich verbindlich ist diese Charta erst seit 1.12.2009 mit Inkrafttreten des Vertrags von Lissabon.

---

[499] BVerfG, NJW 2004, 3407; 2005, 1765; NVwZ 2018, 1121; *Gusy,* JA 2009, 406.

168

Wie das GG beginnt die EU-Charta mit den elementaren Grundrechten Menschenwürde und Leben. Es folgen die klassischen
Freiheitsrechte, etwas ausführlicher formuliert als im GG. Das
gilt auch für die Gleichheitsrechte. Auch diese Rechte zielen vor
allem auf *Abwehr* hoheitlicher Maßnahmen.[500] Erweiterungen
gegenüber dem GG sind aber die Rechte auf Bildung (Art. 14),
Anspruch der Kinder auf Schutz und Fürsorge (Art. 24), ein
ganzes Kapitel IV „Solidarität" u.a. mit sozialer Sicherheit (Art.
34), und ein „Recht auf eine gute Verwaltung"(Art. 41!). Wie
diese Rechte dann wirken und auszulegen sind, ist noch wenig
geklärt.[501] Die „klassischen" Rechte werden jedenfalls auch hier
geprüft nach dem Schema

→ *Schutzbereich, Eingriff und Einschränkbarkeit.*[502]

Die Besonderheit ist nur, dass die Einschränkbarkeit
(=Schranke) nicht jeweils beim betroffenen Grundrecht steht,
sondern allgemein in Art. 52 Abs. 1. Dieser enthält die bekann-
ten Vorgaben **Gesetzesvorbehalt**, legitimer Zweck, **Verhältnismäßigkeit** und Wahrung des Wesensgehalts. Eine solche
allgemeine Schrankenbestimmung erleichtert die Lesbarkeit und
entspricht einer internationalen Tendenz, darf aber nicht dazu
führen, auch Art. 1 (Menschenwürde) für einschränkbar zu erklären.[503]

Geschützt sind nach dem jeweiligen Wortlaut meist alle Menschen, nicht nur EU-Bürger, außer im Kapitel V „Bürgerrechte".
Juristische Personen sind dann geschützt, wenn das Grundrecht seiner Art nach auf diese anwendbar ist.

---

[500] *Epping,* Grundrechte, Rn. 1047.
[501] Vgl. nur *Meyer,* Charta der Grundrechte, Art 34 Rn. 23.
[502] *Kingreen,* JuS 2000, 857; *Epping,* Grundrechte, Rn. 1044.
[503] *Meyer,* Charta der Grundrechte, Art. 52 Rn. 1, 14.

Gebunden an diese Rechte sind gem. Art. 51 Abs. 1 die **Organe** und Einrichtungen **der EU**, die Mitgliedsstaaten aber „ausschließlich bei der Durchführung des Rechts der Union", also bei der Umsetzung von Richtlinien in nationales Recht und bei der Anwendung von EU-Verordnungen.[504]

b) Rechtliche Einordnung

Diese Charta der Grundrechte sollte ursprünglich Teil der etwas später ausgearbeiteten neuen EU-Verfassung werden, deren Annahme (durch alle Mitgliedstaaten) aber in Volksabstimmungen in Frankreich und den Niederlanden gescheitert ist. Nach dem Lissabon-Vertrag verweist nun Art. 6 Abs. 1 EUV auf die Charta der Grundrechte und bestimmt diese als gleichrangig mit den Verträgen. Damit gehört sie zum **„supranationalen"** Recht, steht also *über* den nationalen Rechtsordnungen,[505] wohl sogar über den nationalen Verfassungen. Evtl. Konfliktfälle werden sich aber in Grenzen halten, da die Grundrechtskataloge ähnlich sind, und die EU-Charta hauptsächlich für die EU-Organe gilt, Art. 51 der Charta.

c) Durchsetzbarkeit

Schon vor der rechtlichen Verbindlichkeit, schon durch Beschluss und Veröffentlichung entfaltete die Charta *informelle* Wirkung, wurde bei der Auslegung z.B. allgemeiner Rechtsgrundsätze herangezogen.[506] Nun wird sie vom Europäischen Gericht erster Instanz (EuG) und vom Europäischen Gerichtshof (**EuGH**) direkt angewandt, ggf. auch durch die nationalen Gerichte. Besondere Verfahrensarten sieht die Charta dafür nicht vor. Somit gelten vor den EU-Gerichten die Ver-

---

[504] Weitere Bindung derzeit umstritten, vgl. *Thym,* NJW 2013, 889; *Rabe,* NJW 2013, 1407; *Voßkuhle/Wischmeyer,* JuS 2017, 1171, 1173.
[505] *Ipsen,* Staatsrecht II Rn. 48 f; *Pache/Rösch,* NVwZ 2008, 473, 474.
[506] EUGH, NVwZ 2006, 1033, 1034.

fahrensarten gem. Art. 256 ff. AEUV, insbes. die Individualklage gem. Art. 263 Abs. 4 AEUV durch natürliche oder juristische Personen, die unmittelbar betroffen sind.[507]

Zuvor hatte der EUV in Art. 6 nur auf die EMRK verwiesen, die auch in der EU zu „achten" ist. Auch solches konnte schon gerichtlich durchgesetzt werden beim EuG und vor allem beim EuGH, und der bietet schon seit Jahren Grundrechtsschutz, wie auch das BVerfG anerkennt.[508] Das BVerfG hält sich deshalb zurück, Hoheitsmaßnahmen der Europäischen Union, insbes. sekundäres Gemeinschaftsrecht am Maßstab des GG zu überprüfen, und nennt dies ein „Kooperationsverhältnis" mit dem EuGH. Eine Konfrontation dieser beiden Gerichte konnte so bisher vermieden werden, etwa bei den grundsätzlichen Urteilen zum Europ. Haftbefehl, zur Vorratsspeicherung von Telekommunikations-Verkehrsdaten und zum weitreichenden sog. OMT-Programm der Europäischen Zentralbank.[509] Insoweit war nur noch von „Reservekompetenz" des BVerfG die Rede.[510] Aus dem Auslegungsstreit zu Art. 51 der Charta (Fn. 503) könnte aber ein Kompetenzstreit entstehen.

Hauptsächlich überwacht der EuGH allerdings die Einhaltung des EU-Vertrags und des AEUV (früher EG-Vertrag), und auch dort gibt es grundrechtsähnliche Bestimmungen. Gem. **Art. 18 AEUV** ist jede Diskriminierung aus Gründen der Staatsangehörigkeit verboten. Und zur Verwirklichung des Binnenmarktes in der EU gibt es die sog. *Grundfreiheiten*, nämlich freier Verkehr von Waren, Personen, Dienstleistungen und Kapital. Diese haben aber keinen Grundrechtscharakter.[511]

---

[507] *Pache/Rösch,* NVwZ 2008, 473, 478.
[508] BVerfGE 73, 339 („Solange II"); kritischer nun in NJW 2016, 1149 zur *Anwendung* des Europ. Haftbefehls.
[509] BVerfG, NJW 2005, 2289; NJW 2010, 833; NJW 2016, 2473.
[510] BVerfG, NJW 2009, 2267, 2285; *Voßkuhle,* NVwZ 2010, 1.
[511] *Epping,* Grundrechte, Rn. 1051.

Zusammenfassung: Internationaler Grundrechtsschutz

Weltweit:	
1948	Allgemeine Erklärung der Menschenrechte (nicht verbindlich)
1966/1976	UN – Pakte über bürgerliche und politische; wirtschaftl., soziale und kulturelle Rechte (verbindlich) Kontrolle: UN-Ausschuss
Europäisch:	
1950	Europäische **Menschenrechtskonvention** (verbindlich) Kontrolle: EGMR
1992	EU-Vertrag Art. 6 Kontrolle: EuG, EuGH
2000	**EU-Charta** der Grundrechte verbindlich seit 1.12.2009 Kontrolle: EUG, EUGH

📖 **Lektüre:** *Ludwigs/Sikora,* Grundrechtsschutz im Spannungsfeld von GG, EMRK und Grundrechtscharta, JuS 2017, 385.

Anhang I: Prüfungsschema Freiheitsrecht

1.) **Schutzbereich** des Grundrechts
   a) persönlich
   b) sachlich: welche Verhaltensweisen oder Zustände werden erfasst; auch das vom Gesetz geregelte Verhalten, auch das Verhalten im konkreten Fall?

2.) **Eingriff** in den Schutzbereich:
   beeinträchtigt das staatliche Handeln den Schutzbereich des Grundrechts mehr als ganz unerheblich?
   bei Einzelmaßnahmen: hat der Betroffene eingewilligt?

3.) **Einschränkbarkeit** des Grundrechts:
   greift ein Gesetzesvorbehalt oder eine sonstige Schranke?

4.) Verfassungsmäßigkeit des (einschränkenden) *Gesetzes*

   a) formell: **Gesetzgebungskompetenz**, - Verfahren
   b) materiell: Einschränkbarkeit (oben 3.) beachtet?
   Regelung hinreichend *bestimmt*?
   Legitimer Gesetzgebungszweck?
   verhältnismäßig: geeignet, erforderlich, angemessen?
   evtl.: Einzelfallgesetz, Zitiergebot, Wesensgehalt?

5.) Rechtmäßigkeit des *Einzelakts* (falls vorhanden)

   a) Zuständigkeit, Verfahren, Form
   b) **Tatbestandsvoraussetzungen** erfüllt?
   c) evtl.: *Bestimmtheit* der Anordnung
   d) **verhältnismäßig:** geeignet, erforderlich, angemessen?
   evtl.: unantastbarer Kernbereich, praktische Konkordanz?

6.) (Zwischen-)Ergebnis: Grundrecht verletzt oder nicht verletzt

Dann: evtl. nächstes Freiheitsgrundrecht (neue Prüfung ab oben 1.), Art. 2 Abs. 1 GG zuletzt, wenn überhaupt

Dann: evtl. *Gleichheitsgrundrecht*
(Prüfung in *zwei Schritten* → 15. Kapitel)

Endergebnis: Gesetz bzw. Einzelakt verfassungsgemäß ?

Anhang II: Literaturverzeichnis

1.)   Lehrbücher

Badura, Peter, Staatsrecht, 7. Aufl. 2018.

Epping, Volker, Grundrechte, 7. Aufl. 2017.

Ipsen, Jörn, Staatsrecht II (Grundrechte), 21. Aufl. 2018.

Manssen, Gerrit, Staatsrecht II, Grundrechte, 15. Aufl. 2018.

Kingreen, Thorsten / Poscher, Ralf, Grundrechte – Staatsrecht II, 34. Aufl. 2018; zitiert: *Kingreen/Poscher.*

Sachs, Michael, Verfassungsrecht II – Grundrechte, 3. Aufl. 2017.

Schmidt, Rolf, Grundrechte, 23. Aufl. 2018.

2.)   Kommentare

Dreier, Horst (Hrsg.), Grundgesetz-Kommentar, Band I, 3. Aufl. 2013; zitiert: *Dreier, GG* .

174

Hömig, Dieter / Wolff, Heinrich (Hrsg), Grundgesetz für die Bundesrepublik Deutschland, 12. Aufl. 2018, zitiert: *Hömig*, GG.

Jarass, Hans / Pieroth, Bodo, Grundgesetz für die Bundesrepublik Deutschland, 15. Aufl. 2018; zitiert: *Jarass/Pieroth*, GG.

Meyer, Jürgen (Hrsg.), Charta der Grundrechte der Europäischen Union, 4. Aufl. 2014.

Meyer-Ladewig / Nettesheim / von Raumer (Hrsg.), Europäische Menschenrechtskonvention, 4. Aufl. 2017, zitiert: *Meyer-Ladewig,* EMRK.

v. Münch, Ingo / Kunig, Philip (Hrsg.), Grundgesetz-Kommentar, Band I, 6. Aufl. 2012; zitiert: *v.Münch/Kunig*, GG.

Sachs, Michael (Hrsg.), Grundgesetz-Kommentar, 8. Aufl. 2018; zitiert: *Sachs*, GG.

3.)   Fallsammlungen

Degenhart, Christoph, Klausurenkurs im Staatsrecht I, 4. Aufl. 2016; Klausurenkurs im Staatsrecht II, 8. Aufl. 2017.

Grote, Rainer / Kraus, Dieter, Fälle zu den Grundrechten, 2. Aufl. 2001.

Höfling, Wolfram, Fälle zu den Grundrechten, 2. Aufl. 2014.

Reffken, Hendrik / Thiele, Alexander, Standardfälle Staatsrecht II - Grundrechte -, 10. Aufl. 2017.

Schoch, Friedrich, Übungen im öffentlichen Recht I, 2000.

Basiswissen Staatsrecht II
- Grundrechte -
Die Grundlagen in Frage und Antwort

ISBN 978-3-86724-071-0
Preis: 7 €

Auch als Hörbuch/MP3-CD!

Standardfälle Staatsrecht II
- Grundrechte -

ISBN 978-3-86724-061-1
9,90 €

Definitionen für die Klausur im Öffentlichen Recht
Unentbehrliche, griffige Formulierungen zum Auswendiglernen

ISBN 978-3-86724-079-6
Preis: 9,90 €

Auch als Hörbuch/MP3-CD!

▶ Unsere 📖 Skripten 📑 Karteikarten 🎧 Hörbücher (CD & MP3)

Zivilrecht

- 📖 Standardfälle für Anfänger (7,90 €)
- 📖 🎧 Standardfälle BGB AT (7,90 €)
- 📖 🎧 Standardfälle Schuldrecht (7,90 €)
- 📖 🎧 Standardfälle Ges. Schuldverh., §§ 677, 812,823
- 📖 🎧 Standardfälle Sachenrecht (9,90 €)
- 📖 🎧 Standardfälle Familien- und Erbrecht (9,90 €)
- 📖 Klausuren Übung für Fortgeschrittene (7,90 €)
- 📖 🎧 Basiswissen BGB (AT) (Frage-Antwort)
- 📖 🎧 Basiswissen SchuldR (AT) 📖 🎧 SchuldR (BT) (7 €)
- 📖 🎧 Basiswissen Sachenrecht, 📖 🎧 FamR, 📖 🎧 ErbR
- 📖 Einführung in das Bürgerliche Recht (7,90 €)
- 📖 Studienbuch BGB (AT) (12 €)
- 📖 Studienbuch Schuldrecht (AT) (12 €)
- 📖 Schuldrecht (BT) 1 - §§ 437, 536, 634, 670 ff. (9,90 €)
- 📖 Schuldrecht (BT) 2 - §§ 812, 823, 765 ff. (9,90 €)
- 📖 SachenR 1 – Bewegl. S., 📖 SachenR 2 – Unb. S. (9,9 €)
- 📖 Familienrecht und 📖 Erbrecht (Einführungen) (9,90 €)
- 📖 Streitfragen Schuldrecht (7,90 €)
- 📖 🎧 Definitionen für die Zivilrechtsklausur (9,90 €)

Strafrecht

- 📖 Standardfälle Band 1: für Anfänger (9,90 €)
- 📖 Standardfälle Band 2: für Fortgeschrittene (12 €)
- 📖 🎧 Standardfälle Strafrecht AT (für Anfänger) (7,90 €)
- 📖 🎧 Basiswissen Strafrecht (AT) (Frage-Antwort)
- 📖 🎧 Basiswissen Strafrecht BT 1 und 📖 🎧 BT 2 (7 €)
- 📖 Strafrecht (AT) (7,90 €)
- 📖 Strafrecht (BT) 1 – Vermögensdelikte (9,90 €)
- 📖 Strafrecht (BT) 2 – Nichtvermögensdelikte (9,90 €)
- 📖 🎧 Definitionen für die Strafrechtsklausur (7,90 €)

Irrtümer und Änderungen vorbehalten!

Öffentliches Recht

- 📖 Standardfälle Staatsrecht I - StaatsorgaR (9,90 €)
- 📖 Standardfälle Staatsrecht II – Grundrechte (9,90 €)
- 📖 🎧 Standardfälle f. Anfänger (StaatsorgaR u. GRe) (7,9 €)
- 📖 Standardfälle Verwaltungsrecht (AT) (9,90 €)
- 📖 Standardfälle Polizei- und Ordnungsrecht (9,90 €)
- 📖 Standardfälle Baurecht (9,90 €)
- 📖 Standardfälle Europarecht (9,90 €)
- 📖 Standardfälle Kommunalrecht (9,90 €)
- 📖 🎧 Basiswissen StaatsR I –StaatsorgaR (Fr-Antw.) (7 €)
- 📖 🎧 Basiswissen StaatsR II –GrundR (Frage-Antw.) (7 €)
- 📖 Basiswissen VerwaltungsR AT– (Frage-Antwort) (7 €)
- 📖 Studienbuch Staatsorganisationsrecht (9,90 €)
- 📖 Studienbuch Grundrechte (9,90 €)
- 📖 Studienbuch Verwaltungsrecht AT (12 €)
- 📖 Studienbuch Europarecht (12,90 €) 🎧 Basiswissen EuR
- 📖 Staatshaftungsrecht (9,90 €)
- 📖 VerwaltungsR AT 1 – VwVfG u. 📖 AT 2–VwGO (7,90 €)
- 📖 VerwaltungsR BT 1 – POR (9,90 €)
- 📖 VerwaltungsR BT 2 – BauR 📖 BT 3 – UmweltR (9,90 €)
- 📖 🎧 Definitionen Öffentliches Recht (9,90 €)

Steuerrecht

- 📖 Abgabenordnung (AO) (9,90 €)
- 📖 Erbschaftsteuerrecht (9,90 €)
- 📖 Steuerstrafrecht/Verfahren/Steuerhaftung (7,90 €)

Sozialrecht

- 📖 Kinder- und Jugendhilferecht (7,90 €)
- 📖 Sozialrecht (9,90 €)

Nebengebiete

- 📖 🎧 Standardfälle Handels- & GesR (9,90 €)
- 📖 🎧 Standardfälle Arbeitsrecht (9,90 €)
- 📖 🎧 Standardfälle ZPO (9,90 €)
- 📖 🎧 Basiswissen HandelsR (Frage-Antwort) (7,9 €)
- 📖 🎧 Basiswissen Gesellschaftsrecht (7,90 €)
- 📖 🎧 Basiswissen ZPO (Frage-Antwort) (7,90 €)
- 📖 🎧 Basiswissen StPO (Frage-Antwort) (7,90 €)
- 📖 Handelsrecht (9,90 €)
- 📖 Gesellschaftsrecht (9,90 €)
- 📖 Arbeitsrecht (9,90 €)
- 📖 Kollektives Arbeitsrecht (9,90 €)
- 📖 ZPO I – Erkenntnisverfahren (9,90 €)
- 📖 ZPO II – Zwangsvollstreckung (9,90 €)
- 📖 Strafprozessordnung – StPO (9,90 €)
- 📖 Einf. Internationales Privatrecht - IPR (9,90 €)
- 📖 Standardfälle IPR (9,90 €)
- 📖 Insolvenzrecht (9,90 €)
- 📖 Gewerbl. Rechtsschutz/Urheberrecht (9,90 €)
- 📖 Wettbewerbsrecht (9,90 €)
- 📖 Ratgeber 500 Spezial-Tipps für Juristen (12 €)
- 📖 Mediation (7,90 €)
- 📖 Sportrecht (9,90 €)

Karteikarten (je 9,90 €)

- 📑 Zivilrecht: BGB AT/SchuldR/Grundlagen/Schemata
- 📑 Strafrecht: AT/BT-1/BT-2/Streitfragen
- 📑 Öff. R.: StaatsorgaR/GrundR/VerwR/Schemata

Assessorexamen

- 📖 Der Aktenvortrag im Strafrecht (7,90 €)
- 📖 Der Aktenvortrag im Zivilrecht (7,90 €)
- 📖 Der Aktenvortrag im Öffentlichen Recht (7,90 €)
- 📖 Staatsanwaltl. Sitzungsdienst & Plädoyer (9,90 €)
- 📖 Die strafrechtliche Assessorklausur (7,90 €)
- 📖 Die Assessorklausur VerwR Bd. 1 (7,90 €)
- 📖 Die Assessorklausur VerwR Bd. 2 (7,90 €)
- 📖 Vertragsgestaltung in der Anwaltsstation (7 €)

Irrtümer und Änderungen vorbehalten!

BWL

- 📖 Einführung i. die Betriebswirtschaftslehre (7,90 €)
- 📖 Organisationsgestaltung & -entwickl. (9,90 €)
- 📖 Fallstudien Organisationsgestaltung & -entwickl.
- 📖 Internationales Management (7 €)
- 📖 Wie gelingt meine wiss. Abschlussarbeit? (7 €)
- 📖 Medienwirtschaft für Mediengestalter (14,90 €)

Irrtümer und Änderungen vorbehalten!

Schemata

- 📖 Die wichtigsten Schemata-ZivR,StrafR,ÖR (14,90)
- 📖 Die wichtigsten Schemata–Nebengebiete (9,90 €)

🎧 bedeutet: auch als **Hörbuch** (CD oder MP3-Download) lieferbar!

Bei **niederle-media.de** bestellte Artikel treffen idR *nach 1-2 Werktagen* ein!